そろそろ、わがままで生きようか。

人生でもっとも大切なたった46のこと

杉林せいこ
Seiko Sugibayashi

Clover
クローバー出版

はじめに

この本は、あなたの現時点の「在り方」を見つめなおし、生きる上で「一歩前進するあなた」になるために書き上げました。

人は誰しもこんな風に生きたいと思っているはずなのに、妙に弱い自分に負けてしまったり、本来の人生を歩めない自分に気を落としてしまう瞬間があります。

実は法則上では、自分が思うような人生を歩めても歩めなくても、それは最高の人生なのですが、やはり生きている以上は思うような人生を歩みたいですよね。

「ピンチがチャンス！」

人は、何か課題が起きたときにこそ成長するチャンスなのです。それも最高のタイミングでやってくるからありがたいですよね。

そんな時、一度立ち止まって自分の人生の「キャリアデザイン」をまず見直すことが意外と近道だったりします。

「キャリアデザイン」というのは、仕事のみならず、「プライベートも含めた生き方を設計すること」です。自分が何をやりたいのか、どのように人生を歩みたいのかということを明確にし、その道筋を描くことです。「こういう人生を歩みたいなー」と思って自分を描けば、そちらのほうに行く流れは勢いを増します。

私たちは生活の中で、つい無意識にマイナスの言葉を使ってしまうことがありますが、そのような状態が続くと現実的にもマイナスの現象を引き寄せる可能性が高くなってしまうのです。

プラスの言葉を定着させていきましょう。決して諦めず、希望を持って明るく活き活きと生きていきましょう。

私たちは、意識的にも無意識にも、周りの人々に影響を及ぼしています。生きていく上において、そのことを自覚できたとき、人としての重みを感じ、より前向きになれるものです。

以前の私の仕事（社員教育コンサルタント）である接遇研修や、リーダー研修の際、受講者の中にひときわ光を放つような方に出会うことがありました。それは単に外見が目立つということではありません。

話し方であったり、表情や所作であるなど、あるいは、研修時に書いていただく文章の中から垣間見ることもできます。そこに、その人の人生そのものが窺《うかが》われます。

特に女性の場合、私的な部分が、意外に仕事に現れてくるものです。仕事人生は、私生活の延長線上にあります。

よって、ビジネスシーンで輝くためにも、人生の『コア』である、プライベートをしっかり構築できる考えやマインドを、身につけていかねばならないのです。

内容は、次の4章からなっています。

1. 仕事………9項
2. 人生………16項
3. 人間関係……12項
4. 夢実現………9項

生活の、ビジネスシーンの、様々な角度からポイントを押さえ、具体的に分かりやすく表現しています。そして男性の方々にもお分かりいただけるように表現してみました。

これらの中から自分を「キャリアデザイン」することにより、あなた自身が前向きになり、あなた自身も周りの人も好きになります。

そして周りの人や出来事そのものに感謝の気持ちも湧いてきます。そうするとそこで感謝の善循環の渦が巻かれていきます。

そして人生の楽しみ方が2倍にも3倍にもなっていきます。

我慢とか忍耐はもうやめましょう。頑張らなくてもいいあなたになれば、人生を満喫できます。あなたの楽しみを作っていくといいですね。

そうすると、あなたを見たお友達がなんと楽しげな人なんだろうと思ってくださいます。

豊かな人生にしていきましょう。

人生の先輩としていろんな角度から描きました。
皆様方の前に向かうその姿に、私も心からエールを送りたいと思っています。
あなたの興味ある箇所からお読みください。

全ては自分次第。
自分の人生は自分で決めます。

この本が、いっそうあなたが輝き、豊かに生きるヒントになりえれば、とても嬉しく思います。
小さな一歩、大きな前進になることを願いつつ……。

杉林せいこ

そろそろ、わがままで生きようか。

人生でもっとも大切なたった46のこと

目次

第一章　仕事編

第二章 人生編

第三章　人間関係編

第四章　夢実現編

第一章　仕事編

1 あなたを活かすコミュニティ活用法とは

シングルライフや核家族が増えた今、趣味の世界や地域社会へとコミュニティを求める方々が増えてきました。

仕事仲間のみではなく、利害を超えたフィールドで友を求めたり、親子では分かり合えない友情を求めたりするのは、ごく自然なことだと思います。それに、どんなに素晴らしい仕事をしていても、素敵な趣味を持っていても、一人の世界では何の発展性もあり得ません。

今、ネットの世界では、ＳＮＳが手っ取り早い友人作りのツールでもあり、スピーディーに友達が増えていくのも、確かに楽しさに拍車がかかるのかもしれません。しかし、それには限界があります。

メールのみだと本来の心の機微も伝わりにくく、誤解すら与えかねません。人との繋がりの深さを求める方には、やはりリアルタイムで人と出会える場所を求めるのもいいかもしれませんね。

私がしゃにむに動いていた20年ほど前は、今のように携帯電話もさほど普及しておらず、メール、LINE、Facebook など想像もできない時代でした。盛んな異業種交流会やビジネスパーティーでも、唯一、会社や自宅の電話番号を書いた名刺を交換するのみ。

貴重な一枚に印象を残すため、様々な工夫を凝らしての名刺作りでした。

現在も無論、名刺交換は、互いを紹介する手軽な分かりやすい手段となっています。しかし、何よりもその後、交換後のやり取りの仕方で、人と人とが繋がり得るか、その場限りのやり取りで終わるかが決まってしまいます。

当時の私は、葉書や電話や、直後に再度会うことなどで繋がりを保っていましたが、ご縁をいただいた方とは長い人生でとても良い接点を作ることができました。それがプライベートな友人に発展したり。

過去あの時に、あの場所に出かけていなければ、あの方とは出会うこともなく、その方との関係性を作ることもできなかったはずなのです。

そして何よりも、「連絡し合う」という一見面倒なことをしていなければ、せっかく巡り合った仕事や友人とも縁を繋ぐことなく終わっていたはずなんです。

そう考えていくと、出会いの場はとても貴重だと言えます。

現在も数え切れない程のパーティーや交流会は行われていますが、「その場をどれ位活かしているか」は、問われるところです。貴重なコミュニティが単なる参加で終わってしまうか、その場の出会いを互いの人生が豊かになるものにするかは、あなた自身にかかっていると思います。

そして、もう一つ大事なことは、出会いの相手にギブができるかどうか。あるいは、あなたが励ましてあげられる存在かも……。

それは、情報を与えたり、その方に誰かを繋げてあげることかもしれません。相手のプラスになることをして差し上げる心も肝要だと言えます。

出会いの相手に単に求めるだけの場だと、良い結果は得にくいものです。少しは人の役に立てて初めて、自分も活きてくるような気がします。

せっかく参加するコミュニティを、それぞれが是非、実りある出会いの場にしていただきたいものです。

ワンポイントアドバイス

コミュニティを単なる楽しむ場で終えるか、豊かで活き活きとした想いの源泉の場にするかは、あなた次第。

2
あなたは、今、その場所で輝いているか？

「本来の仕事が見つからない……」「今の仕事が不満」と嘆いている人がいます。「毎日が忙しくて仕方がない」とこぼす人がいます。

誰だって当初から満足いく仕事に就けたり、楽しいばかりの日々ではありません。はっきり言えることは、今の状況や環境は、あなたが縁あって出会っていることに間違いないということです。まずはそこから考える必要があります。

せっかく異なる転地を夢見、仕事に就いたあなたなのに、今は不平不満や不安な心の中だけで日々を過ごしていないか？　もし、あなたが毎日をそのように悶々《もんもん》と負の想いで過ごしているのであれば、多大な損失であり、良い状況への進展は難しいものと言えます。

はたして、あなたは現在、置かれた立場で最大の力を発揮しようとしているでしょうか？　すでに何かを発見しようと試みているのでしょうか？　あるいは、しっかり今を見据え、仕事に取り組んでいるかどうか（主婦であれば完璧でなくていいけれど、家事をきちんとこなそうとしているか）。実はこうした目の前のことが大きな課題なのです。

仏教の禅の教えの中に、「大地黄金」という言葉があるそうです。それは、「今置かれた立場で最大に輝く自分になること。すると、自ずとその場所へあなたの存在の輝きは影響力を与えることになる」という意味です。

Tさん、男性40歳は、ある職場でいろんな不満がありながらも、愚痴に終わることなく密かにステップアップを目指しながら最善を尽くしていました。

そんなある日、突然外部からのヘッドハンティング。

一番驚いたのは本人です。見ている人はきちんと見ています。


彼の仕事ぶりや実力は、外側からの評価を得、キャッチされたのです。Tさんの次なる仕事へのレベルアップは、自然な流れの中で結果を得ることができました。

今までの仕事は、彼にとって物足りなく、職場ではそれ以上の段階は望めないと分かりながらも、こつこつと現状に取り組んでいたのです。それでも心の中では、「いつかは必ず」と希望は保ち続けました。


彼から言えることは、まずとても行動的であること。やりたいことには臆することなく挑戦し足を踏み出しています。セミナー参加、資格試験受験など、必要なことには能動的に取り組んでいます。

前向きに動けば何かの変化があります。グッドタイミングで何らかの手応えや反応があります。

人によっては不安や焦りの中で、二の足を踏む結果で終える人もいますが、Tさんは諦めませんでした。

それに感じることは、彼の仕事もやるべきことはしっかりやり、真摯《しんし》に仕事に取り組んでいたことです。いえ、それだけではなく、余分な仕事も引き受けてこなしていたようです。

ここで肝心なことは、彼はそれを仕方なくやるのではなく、歓びとしてやっていたのです。そんな前向きな姿勢や人柄を、人様は見逃しません。彼のことが人づてに別会社の人に伝わりました。

そして、Tさんは次なる職場に縁することができたのです。

今、新しい職場で彼は新たな気持ちでチャレンジしています。
実はこのように、あなたが今の場所でまず輝くことが、ワンランクアップステージへ行く前段階でもあるのです。

ワンポイントアドバイス

ブツブツ愚痴や不満のみか、もしくは「よし、必ず時がくる！　決めて進むぞ」と頭の中で真摯に取り組む楽しいオシャベリか。

3

あなたの心の底から「湧く仕事」に出会えているか？

久し振りにお会いしたFさんは、とてもいい笑顔になっています。去年、過労とストレスで倒れ、一ヵ月ほど入院をしていました。どうやら、会社を辞めて、やっと自分に合う仕事に就けたようです。

彼はお金に興味があるらしく、金融関係の仕事に変わったとのこと。とても活き活きしています。勉強にも余念がないらしい様子。

人って、仕事を変えるだけでこんなに変わるものかと改めて感じています。

「水を得た魚」というのは、このような状態の方のことを言うんですね。

人の仕事への縁のあり方もいろいろあります。

様々な要素、給与、自宅からの距離、会社の雰囲気など、これらを熟慮して夢と希望を持って入った会社でも、「最初にイメージしていたものとは違うなぁ」「いつもつらい想いをするなぁ」「自分がやりたかった仕事ではない」「やりがいを感じられないなぁ」「今の仕事のままでいいのかなぁ」など、最近、思案する方も周りに増えてきたように感じます。

でも、実はそんなことを考え始めた時こそ、あなたにとってチャンスなんですよ。現在の仕事への取り組む姿勢や意識を見直す時であったり、次なるステージへの移行のタイミングかもしれないのです。

何事も自分の中から出てくる素直な積極的な取り組み意識が、その人の生産性を大きく左右します。

人には生きている限り、それぞれ使命や役割というものがあって、その仕事をやることで活き活きワクワクとなるものです。無論、多少の凸凹は否めません。

ですが、総じて、どうしてもそれをやりたい気持ちになったり、沸々と湧き出てくるものがあれば、それがその時期におけるその人の天職と言ってもいいかもしれません。

このように、せっかくやりたい仕事が出てきているのに、変わるのが面倒だったり、「もし失敗したらどうしよう」とか、「長年勤めてきた会社だから辞めづらいな」など、いろんなことが頭をよぎることもあるかと思います。

しかし、もし自分の中から湧き出たものであれば、想いに素直に行動するのがベストだと言えます。突然ではなくても、徐々にそちらの準備段階に入るなど、手段は考えることでいくらでも出てきます。

失敗は何度でもやり直せますが、やらなかった後悔は後になるほど大きくなってくることがあります。

今の仕事が好きではなく、まだあなたの中に湧き出てくるものもなければ、自問自答したり、あなたには何が向いているのか周囲に尋ねてみることも一案だと思います。

そんな時こそ「負」の想いにならず、真摯に自分と向き合ってみる格好の時期と言えるでしょう。

ワンポイントアドバイス

その道を歩む中で
湧き上がってくるものがあるかないか
仕事もあなたの生きる道の一部。
日々の仕事生活での己をのぞき込むのも
貴重な一瞬。

4 あなたが生きる仕事世界とは

今、最適な仕事に出会って、活き活きと取り組んでいる人もいれば、「あ〜、何でうまく行かないんだろう」などと、自分や周りを責めながらの日々の人がいたり、仕事との出会い方は本当に人それぞれですよね。

でも、今あなたが出会っている仕事があるとすれば、今はその仕事に縁があるわけです。それを徹底的に極めたり、やり方がまずければ手法や戦略を考えたりと、いろいろな知恵も芽生えてきます。すると、不思議に今の仕事に対する面白みも出てくるのです。

もしくは、あなたがこれから先の生き方を真剣に考えている最中ならば、何のために今の環境や仕事と出会っているかを深く考えてみるということも、とても大切なことではないかと思います。

例えば、「今の仕事が大好きだから、定年退職するまでこの会社で取り組んでいきたい」とか、「近未来には、独立してあることをやりたいから、それまでは今の職場でしっかり従事したい」など、いろいろな方向性があると思うのです。

その方向性をしっかり見定めながら日々仕事に取り組んでいると、もっと何かが見えてくるはずなのです。

何故かと言うと、人は自然と無意識にフォーカスする方向に向かっていて、その逆算で今必要なことをやり、行きたい所に行くようにできているからです。

しかしながら、今やっていることが、先々の自分の人生に必要なことだということをあまり気付いていない人も多いのです（過去の私がそうであったように）。もしそんな風に、「今やっていることが必ず近未来に役に立つ」と思ってやっていると、そのようになる確率はとても高いと思います。

本当にワクワクしてくるはずです。

あるいは、人によっては「毎日が楽しいから」と、日々の職場人生を淡々と過ごしている方もいますが、それはそれで一つの生き方だと思います。自分の選ぶ道ですから。自ずともう一人のあなたがナビゲートしているのかもしれません。

ただ、避けるべくは、好きでもない仕事や、前向きに働けない職場環境と感じながらも、単にサラリーのためだけに仕方なく職場に通い続けることです。そのような場合は一刻も早く、あなたの本来の仕事へと転じることをお勧めします。それは、心身を崩し、予期せぬ方向へと向かう可能性が十分にあるからです。

そんな時は、今の仕事や環境を見直す、いい機会やも知れません。時間を取り、じっくりと考えてみる必要がありますよね。あなたの仕事人生のさらなるチャンスタイムかもしれません。

飛躍のチャンスは、意外にピンチの状況の場合に潜んでいるからです。

自分の次なる段階のためにも、もし転職を望むのなら、次のようなことを挙げてみる必要もあります。

1. どんなことに興味があるのか
2. 得意なことはどんなことか
3. その仕事に夢中になれそうか
4. その仕事でどんな人生を歩んでみたいのか
5. その仕事をしている、ワクワクする自分を想像することができるか

6. 自分にはどのような仕事が向いているのか

などをいくつか書き出してみることも良いと思います。

あるいは、意外にあなたの親しい方のほうが、あなたのことを良く見て分かっているかもしれません。あなたを理解してくれる方に聞いてみるのも一案です。

私の場合は、今は亡き母親が私のことをよく観察していて示唆してくれる存在でもありました。


いずれにしても、これからのあなたの価値が益々高まり、エネルギッシュに生きることのできる道が必ずあるのです。

適職を探している方は、自分を生ききるための仕事との出会いを、決して諦めないでいただきたいと思います。あるいは、今の仕事へ希望を託している方も、現状に甘んじることなく、さらなる段階へ限りなくご自身を飛躍させていっていただきたいと思います。
自分を生ききるための能力（自分力）には無限の力があることを信じながら。

ワンポイントアドバイス

あなたが「情熱的に取り組める仕事は必ずある！」と思い込む。
今出会っている諸諸《もろもろ》は、あなたのこの時期の旬の仕事や人々であることを知る。

5 「褒め言葉」と「長所伸展法」

20代の頃、何かをしたいけれど、何が自分に向いているのかを迷っている私がいました。

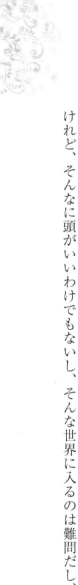

そんな折に、今は亡き母親から、「あんたは話すことが大好きだし、まあまあ上手いから、アナウンサーか弁護士か、話す仕事が向いているかもね」などとよく褒められて、その度に嬉しかったことを憶えています。

しかし、その後、自信のない自分を見つめては、「確かに話すことは好きだけれど、そんなに頭がいいわけでもないし、そんな世界に入るのは難問だし、大学だって経済的に行けるはずないし……」などと、ないないづくしの私がいたのです。

にもかかわらず、事あるごとに母は、「自分の得意なことを活かすことが大事よ」とよく話してくれていたことを思い出します。そんな母親の誉め言葉は、いつの間にか私の中にすっぽり入り込み、少しずつ話す職業へ気持ちが向いていく私がいたことは確かなようです。

20代の中頃には、心の中に、「よし、いつか必ず話す職業に就くぞ」と、将来の微かな道を探り始めていました。

私は昼間に会社勤めをしながら大学（夜学）へ行き、短期大学の講師をしたり社員教育講師であちこちを飛び回りながら、話をする仕事へと進んでいったのです。

20代の後半には、チャンスに恵まれミニ講師をやったり、ラジオで話すチャンスが訪れたり、母親の「話すことが得意だから、話す仕事が向いていると思」というあの一言が、私の心の中に話す仕事への炎をさらに燃え立たせたように感じています。

故船井総合研究所会長の船井幸雄さんは、会社の業績を伸ばす方法として長所伸展法を推奨しています。基本は、短所には目を瞑《つむ》り、長所を伸ばすというやり方です。

「売れない商品をどうやって売っていくか」より、売れる商品にフォーカスし、どんどん売っていく方法です。この方法のほうが最も効率的だし、業績は上がっていくようです。

これは、人の成長にも当てはめて考えることができると思います。

できないことを責めるより、得意なことをやっていくことのほうが、断然伸び率が高いのですから。

誰にでも役割、使命があると考えれば、あなたの中に存在する長所（その人いわけです。

の持つ潜在する力）がごまんと眠っているわけです。それを活かさない手はな

人は、自分自身の中に眠る力に気が付かなければ、本領を発揮できないまま人生が終わる可能性すらあります。何と勿体《もったい》ないことでしょう。

自分にはどんな能力があり、どのような技量があるのか、本人は気付かないこともあります。それが、たとえ自分では感じ得なくても、私のように他人様や家族から言われたり、褒められたりして、不思議にハッと気付くことが意外にあるものです。

それに、そのことに少しでも興味があれば面倒がらず、実際にやってみる（実行する力）というのも肝要です。自分の中側からのみでなく、他者によって気付かされることも一つのメッセージでありプロセスなんです。

さらに言えば、内在する力を発揮するタイミング、年齢というのがあると感

じます。人がやりたいことは一つだけではなく、あなたの年代によって異なる場合があるものです。

年齢に関係なく、心の声と同時に周りからのあなたへの誉め言葉や、長所への誉め言葉をどうか聞き逃さないでいただきたいと思います。

ワンポイントアドバイス

やりたいこと、なりたい時期は人それぞれ。
あなたの道はあなたのオリジナルドラマ。
ワクワクうきうきしながら長所を伸ばすのみ！

6 セルフイメージで自分力アップ

あなたはどのようなセルフイメージをお持ちですか？
あなたは人様にどのように見られているとお思いですか？

セルフイメージとは、「自分はこのように見られたい」という自分像と言ってもいいでしょう。「セルフイメージを持つことで、人はそのようになる」とも言われています。そして、このセルフイメージがしっかりあるかないかで、その人の人生が決まっていくと言っても過言ではないと思います。

「頼りがいがある看護師さんだわ」「仕事ができそうな営業マンだね」あるいは「おしゃれでとっても上手にカットしてくれそうな美容師さんね」等々、人様はいろんな見方をするものです。外から入るビジュアルや雰囲気などはとっても大切です。

そして、そのような方に仕事を頼みたくなったり、近付きたくなるものです。

私達は、その人を見て、まず5秒で印象を決めてしまうとも言われています。ある意味で、視覚から入る印象は、仕事の世界ではとっても大事な戦略でもあります。特に多人数での出会いの場所などでは必至だと言えるかもしれません。ですが、実際意外にそれに気が付いていない方々も多いような気がします。

それは男性と女性の出会いの場でも然りですよね。

その第一印象の貴重な場面で、お相手から見逃されたり、視界に入りづらかったりすることすらあります。何と勿体ないことでしょう。

今、世の中は変わり、慎ましい服装や謙虚な行動のみではあなたをキャッチしてもらいづらくなっています。あなたが何を感じ、何を考え、どのような人生を歩んでいるのか。口を開くまでのビジュアル、訴求力はとっても重要な段階なのです。その段階でスルーされると、折角の入り口から入ることができないわけですから。

会った瞬間の目の輝きや服装の素敵さ、立ち振る舞いや持ち物のアピール力は、物言わぬあなたを物語っているわけです。その外見は、あなたがそこに意識することと自覚があるかどうか。

その次の段階が、話し方や話す内容等々になるわけです。無論それは、それと共にその方自身の生き方の反映でもありますよね。

「あー、そんなことは面倒くさい」と思えばそれまでのこと。その気持ちが外見に表れていることになります。それはそれで仕方のないこと。

しかし、これから自分の仕事や恋愛面など、いろんな場面で自分をアピールしたい方は、やはり日頃からセルフイメージをしっかりと構築していくことは、とっても大事なことだと思います。

あなたの輝かしい未来と素敵な人との出会いのために。

ワンポイントアドバイス

鏡の中の自分とご対面の瞬間、
どんな気持ちになるか？

「おっ、いけてる！」「ま、こんなんでもいいわ！」

いずれも自分の人生。

今のあなたならどれを選ぶ⁉　選択は自由。

7
外見は、第三者の意見も参考に

——外見は、第三者の意見も貴重なときがある

4年ぶりに、短大の講師をしていた頃の教え子が訪ねてきました。

当時、保母さんだった彼女（40代前半）は、今はある商品のセールスウーマンです。ジーンズ姿にTシャツだった彼女も、スーツにきちんと身を包み、話し方にも随分成長が見えます。

しかし、彼女の口から出る言葉は、二言目には、「もう40歳になりましたが彼氏ができないんです。駄目なんです」とがっかりするような言葉です。彼女をよーく見ていると、何かひと味足りません。きちっと着ているスーツとアン

バランスなものを感じ始めました。幼さを感じます。ウーン。口紅はとれ、眉は濃くボサボサ、ヘアスタイルにもオシャレさを感じません。

全体的にどうも野暮ったい感じです。

オシャレについて、いろいろ彼女に話してみると、「でもですね……」「だけど……」が出てきます。

「私、マニキュア、嫌いなんです」

「口紅は、すぐとれやすいんです」

「ヘアスタイルも友人の美容師にお任せなんです」

「眉はいじりたくないんです」

これでは、話の進めようがありませんので、ほどほどでやめました。

人様からそんな言葉を耳にしたら「そうか、そういうふうに見られているのか」「じゃあ、どうしたらいいんだろう」と、素直に耳を傾け、一度謙虚に、自分の外見について見直してみるのも大切なことです。

彼氏ができない、というのも外見がその一因かもしれません。決して、それが全てだとは言いませんが、人は、まず、どうしても外側から判断してしまうからです。次に、話をして、人柄が分かり、恋愛へと発展していくことも少なくありません。

「私は、中身（心）を磨いているから大丈夫」と豪語している女性は、一度、友人や家族に、あなたの外側のオシャレや身だしなみについて感想を求めてみてはいかがでしょう。きっと、よいアドバイスや、意見を聞くことができるはずです。特に、仕事の世界での身だしなみ（オシャレも含む）は、自己本位ではなく、相手（人）あってのことですから。

はっきり言いますが、女性は40代からホルモンバランスが崩れ始めてきますので、外見にもそれが影響してきます。私の知る限り女性らしさを保っている方とそうではなく、おばさんチックになる方がホントに明確に分かれていくのですよ。

顔の表情すら、意識したり緊張感がないと、どんどんゆるゆるになっていくのは間違いありません（毎月のセミナー参加者を見て感じます）。

ちなみに、私のよき外見御意見番は夫です。辛口で時々言われています（冷汗）。

ワンポイントアドバイス

外見はあなたの自己表現の一つ。

人にどのように見られているかも意識して。

8 地球のために役に立つとは

今、混沌とした世の中で、人のため、地球のために、何か役に立ちたいという人が増えてきました。

ある人は、奉仕活動をすることで、ある人は音楽を通して、人々にメッセージを伝えるなど。若い人達が、そのような動きに目覚めた話を聞くと、とてもすがすがしさを覚えます。

しかし、そのような献身的な活動が、私生活を犠牲にするような結果になるのでは、何の意味もありません。まずは、自分の仕事生活とのバランスを考えることが重要です。

あなたが、本当に何かの『役に立つ』とき、それによってあなたが犠牲になることは決してありません。それは、あなたが、生きていく上での歓びとなって現れます。

『人の役に立つ』そのときは、『自分』という『我』のないとき。つまりは、仏教で主張している『無我』の境地でもあり、本来の自分力が出ている状態でもあります。

戦場で、難民の救済活動などをされている人々を見ると、外側からは確かに大変そうに見えます。しかし、彼らの内的な部分は、充実感に溢れているはずです。「やらなければならない」という義務感ではなく、「やるんだ！」という達成意識のほうが強いからです。

何か行動する場合、「やってあげている」とか、「してあげている」という与え意識があると、それはもう違っています。

救済活動や奉仕活動をする人の中にも、そのような想いでやっている人は、中途で挫折しやすいものです。少しでも、自分がつらい状態に置かれると、簡単に半ばで辞めてしまうことになります。心のどこかに、「これだけやったのだから……」「これだけしてやったのだから……」と、見返り意識すら出てきます。

奉仕活動が長続きしないのは、このようなところにも原因があるのかもしれません。あくまでもこれらの活動を行う人達の心の底には「させていただく」気持ちや「やる歓び」があることが肝要です。

そこで、もう一歩掘り下げて、「世のため」「人のため」に実践できる身近なことを、あなたに提案したいと思います。

まずは、5項目あげてみます。

しかし、これらは、結果としては全て「自分のため」になっているので面白いのです。

①　前向きに生きること。それは、あくまでも自らが「やりたいこと」であり「やってて楽しさがある」こと。どんなことがあっても、その事実を感謝で受けとめ、知恵で乗り越えられる意志があること。

②　笑顔を絶やさない自分でいられること（自然体の笑み）。

③　毎日の生活の中で、なるべくプラスの言葉を話すこと。言葉は言霊です。日々話す言葉によって、生活、人生が決まってきます。

④　身近な人を励まし、必要であれば叱咤する（感情ではなく、内から瞬間噴き出てきます）。時には褒めることも大事。これらを心から行うこと。

⑤　つらい人生を送っている知人がいれば、その人が、見事乗り越えられたイメージを描き、その人にエールの「想い」を送る。例えば病の場合、それが治ったイメージより、病を引き起こすことになったサイン（原因）に気付くようなイメージを！

ここにあげた5項目は、あなた一人から行い、自己変革できることで、周りが影響力を受け、変化していく素晴らしいことなのです。

人は集団やグループで何かを行おうとすると、意外にできるものです。しかし、たった一人で自ら実践するとなると、これは難しいと言えるでしょう。よって、やってみたいと思うけれども自信のない人は、話の分かる友人とともに、知恵を出しあいながら実行してみるといいでしょう。

話は少し飛びますが、地球の波動の悪さもあなた一人の内的変化（生き方が変わる）によって、周りの人が変わり、結果としてプラスのほうへと変化することになるのです。

波動には、プラスとマイナスがあります。

地球の波動が悪化しているのは、確かに物的な汚染、化学的な洗剤使用などから起因するものも多いと言われます。しかし、人の発する波動も影響力大と言えます。

常にマイナス思考の人からは、マイナスの波動が出ています。仏頂面で、愛想のない人は、周りに不愉快な想いをさせ、他人にマイナス波動を発することになります。いつも愚痴や人の批判ばかりの人は、周囲にマイナスの波動をまき散らしています。

よって結果として、これらの人達が人に迷惑をかけ、地球を汚していることになるのです。

例えば、このような人達がボランティア活動をやったとします。

それは一時的な人助けになったとしても、大きな視点から見ると、地球にとって『百害あって一利なし』ということになります。あるいは、「人のため」と豪語しながら奉仕活動に参加し、自分の家庭内は不和状態のままだとします。その場合、その人は肝心な問題解決への道を避け、単にその活動に逃げていると言われても仕方のないことです。

あなたが、『ホンモノ』をやって生きていると、あなたの人生（生活）にも『ホンモノ』の結果が出てきます。

救済とは、何も団体で大きなことをやるだけではありません。

あなたが「幸せ」と思えて、地に足がついた地道な生き方こそ地球の救済になると思いませんか？

ワンポイントアドバイス

「地球のために役に立つ」とは、
あなたとあなたの周りが幸せであること。

9 最も良い引き際とは

その人にとって最も良い時期（人間関係や環境状況が良好）にその場を去ると、次に出会う状況も意外にスムースな流れが待っています。

つまり、引き際が肝心なのです。

今、やっている仕事にも、会社にも、別に不満はないがどうしても他にやりたいことがある、よって退職したい、という場合がそのような時だと言えます。

今の安定した状況に甘んじるのではなく、自分をより高次の方向へと向かわせるプラスのエネルギーが、物事をうまく運び、よい人間関係や環境状況を引き寄せるのです。

しかし、それとは反対に現在の仕事や人間関係など、状況に不満タラタラで現状から逃避するかのようにその場を去ると、少し違ってきます。次に待ち構えているところも前回と同様な、あるいはもっと最悪な条件かもしれません。

つまり、あなたが選んで入った職場やそこでの仕事、あるいは同僚や上司（先輩も含む）は、全てあなたがそこで何らかの体験をするために、不可欠な出会いだと言えます。必要だからそこに縁があるのです。

濃い縁のあるところは、ほとんどが「学びの場」です。仕事世界も、私生活も、ある意味あなたが鍛えられ磨かれて輝ける歴然とした「学びの場」なのです。

ところが、惜しいかなそれとは気付かないままで、職場を辞める人が何と多いことか……。かくいう私も、過去において20代の頃、苦い体験をした一人でもあります。

一般的に職場を辞める理由は、仕事がきつい、給料が安い、残業が多すぎる、人間関係が厳しいなどがあげられます。これらはどんな職場を選んでも、大なり小なり存在する問題です。

ところが、そのような問題を解決することに、はたして真剣に取り組んだことがあるかというと、否、そうでもない人がこれまた多いと言えます。

また、人間関係を除いて会社の概要に関しては、入社の前におおよその検討がついていたはずです。それでも入社したからには何らかの意味があるのです。

それなのに、自らが選んだ職場でありながら日々を愚痴の繰り返しで終始している人も、中にはいます。このような場合、決して状況が好転することはないと言えます。

行きたくない職場で繰り言の日々。その人の周りは、自分の吐いたマイナスのコトバのエネルギーで、益々よどんだ空気の流れとなります。

よって、「こんな会社やーめた！」となり、次を探しても、よどんだエネルギーを引きずったままのあなたであれば、当然、そのエネルギーで次なるところも同様なところを牽引する結果は目に見えているのです。

しかし、今の状況の中であなたが、何かに気付けば話は別と言えます。自分の非なるところに気付いたり、改善策を発見したり。

それでも、なおかつ職場を変わりたいと思えば、次なるところで新たなあなたとしての言動や姿勢が見られ、現状に良い変化をもたらすことでしょう。

いずれにしても気付かないことが恐いことであり、とても損をする生き方であると言えます。

あなたの職場や私生活で起こるつらいことや嫌な問題に目を背けるのではなく、「何故かしら？」と首をかしげ、理由や原因を探る気迫が必要です。そして、前向きに対処する姿勢が出始め、問題を解決したり乗り越えたときに初めて、私達はワンランクアップした『人間』になることができるのです。

それなくして、容易に何箇所も職場を変わったとしても、いつまでも同様な繰り返しだけで、人としての成長はなかなかありえません。

あなたがより良い仕事や職場を望むなら、何故今のような問題が起きているのかに気付くことです。あるいは、何故このような状況に遭遇しなければならないのかに気付くことです。

大空でも仰ぎながら思考すると、フワリと答えは出てくるというものです。そして、今の環境に悪感情を残したまま脱け出すのではなく、感謝の気持ちに変わることができての別れであれば、最高の飛び立ち方と言えます。

引き際（終わり）よければ、次なるところも始め（スタート）良し、となります。

ワンポイントアドバイス

逃避の姿勢から生まれることは何もない。ステップアップする気持ちで移行すれば新たな何かが待っている。

第二章　人生編

1

『マイナスの言葉』が恐い理由

人と会うごとに、話題は誰かの批判や繰り言ばかり、という人がいます。それを言うことで、本人はストレスの発散をしているようですが、とんでもないことです。周りに害毒をまき散らしているようなもの。人を批判したり、愚痴ばかりのときは、あなた自身からマイナスの波動を発していることになります。

その状態を繰り返し続けていると、その人そのものがマイナスの状態となり、マイナスがマイナスを呼び、寄ってくる人との関係や今の環境が悪化してくることは間違いありません。病さえ引き起こしかねません。

その人の心の状態と、同じような人や状況を引き寄せるので恐いことです。顔の表情にもそれは現れてきます。

口から出る言葉が、あなたの人生を作ります。


おもしろい実験をやってみました。

携帯電話で相手と話すたびに、褒めたり、励ましたり、笑ったり、とプラスの言葉を発し続けた数ヵ月後、その携帯電話を波動測定機で測定したら、プラス2の数値が出ました。

もう一つの携帯電話は、後向きの内容や、否定的な言葉を使って話したあと測ると、なんとマイナス1が出てきたのです。

驚きました。

同じように電磁波を受けている携帯電話なのに、話す言葉で、発する波動がこのように違う結果が出てきたのです。

ここで、プラスとマイナスの言葉について説明します。

プラスの言葉とは「ありがとう」「嬉しい」「幸せ」「楽しい」「できる」など、肯定的で明るく、人の心を豊かにする言葉です。

マイナスの言葉とは、「憎い」「つらい」「苦しい」「嫌い」「できない」など、否定的で後向き、耳をふさぎたくなる言葉です。

よって、もし、あなたが人の悪口や、愚痴ばかり言っていると、それを聞いている相手に、マイナスの波動を与えっぱなしということになります。もちろん、それを言っているあなたの心もマイナスの波動の状態です。


よほど、苦しいとき、つらいときを除いて、普段はマイナスの言葉はなるべく使わないように心がけたほうがよいのです。

反対に、いつも「必ずできるわ」とか「何とかなるわよ」などと、前向きの言葉を発したり、人を褒めたりしている人は、他人からも好かれ、健康状態も良好な人が多いようです。

よって、人生も自ずと明るくなります。

もう一度言っておきます。

日頃、あなたが、どのような言葉（プラス言葉かマイナス言葉か）をよく使っているかで、人生が決まるといっても過言ではありません。

ワンポイントアドバイス

日々使う『言葉』でも決まるあなたの人生。

2 『波動』の話

これまで『波動』という言葉を何度か使ってきました。

「えっ、そんなの知らないわ」という方のためにお話しします。

それは、私たち人間をはじめ、他の動植物に至るまで、あらゆる万物が絶えず発している微弱なエネルギーのことを言います。人の意識や想いも、エネルギーです。

例えば、おいしい料理は材料を洗ったり、カットするなど手間暇かけなければば、勝手に料理ができることはありません。出来上がった料理には、あなたが「おいしく作ろう！」と思う意識のエネルギー（波動）が込められているのです。

また、手編みのセーターもそうですね。編んだ人の意識のエネルギー（想いの『波動』）がしっかり入っているので、温かさを感じるのかもしれません。

このように『波動』は、目で捉えることはできませんが、感じるものと言ったらいいかもしれません。

前項で、携帯電話で波動測定の実験をした話をしましたが、言葉にも波動があることがお分かりいただけたと思います。前向きの話をしたときと、人をがっかりさせる言葉とでは、明らかに携帯電話から出てきた「数値」に開きがありました。驚きです。

言葉には、話す一言一言に意識のエネルギーがのっています。それは、最も分かりやすい目に見えない『波動』なのかもしれません。

また、喫茶店や美容院へ入った瞬間、「なんだか心地いいなぁ」とか、「いやな雰囲気を感じる」などということはありませんか？　それは中にいる人や、インテリアや、音楽や、内装のカラーから発する『波動』のためであったり、接客者の想いの「波動」であるなど……。

このように『波動』は、いろいろな「人」や「物」や「音」からも感じることができるのです。

だとすると、私たち「人間」も他人のためや自分のために、いつも良い『波動』を保つほうが、生きる上で心地よさを感じるということが分かってきます。気分が良くなると、健康にも好影響を与えるのです。なかでも楽しんだり何気に笑うその瞬間は波動が高く、私の知る高齢者担当のある内科医師は身体の治療に「笑い」を取り入れています。

「薬より効果的！」と笑いながら話していたことを思い出します。

では、常に良い『波動』を保つためには、どのようにしたらよいのでしょうか？

もう一度確認してみましょう。

●マイナスの言葉は使わない（人を褒めたり前向きな言葉を発するなどプラス言葉を使う習慣を身に付ける）。
●悪感情は、打ち消すような癖をつける。
●常に前向きの想いで暮らす（ポジティブ思考の定着）。
●心地よさを感じる部屋作りを心がける（植物を一つ置くだけで空間の空気が変わります）。
●気分の良くなる音楽を楽しむ（私は書き物など仕事中は、ヒーリング音楽をかけたままです）。
●テレビは必要番組以外は消す。つけっぱなしはもってのほか。可能なら捨てる（テレビはとっくにありませんが不自由はありません）。

・心地よい音楽をかけて心身を癒す。
・常に周りに感謝を忘れない（最も身近な存在にほど「ありがとう！」を言う）。特に毎朝の祈り『感謝』は大事です。これで一日をすがすがしくスタートOK。一日の要《かなめ》です。

このようなことを習慣化することで、いつの間にかあなたの環境や周りの人達の在り様までもが、変わってくることに気付くことがあるでしょう（せめて一ヵ月やってみてください。実感することがあります）。それは、あなたが幸せな人生を送るための秘訣でもあると思います。

このような日々を習慣化することで、私の人生は１８０度激変してきましたよ。

ワンポイントアドバイス

常にあなたを取り巻く波動はあなたそのもの。

3 意識変革の猿達が地球を救う

『百匹目の猿現象』の話を御存じですか?

これについて、ある書から抜粋しました。

「ある行為をする個体の数が一定量に達すると、その行動は、その集団だけにとどまらず、距離や空間をこえて広がっていくのです。

生物に見られるこの不思議な現象を、ライアル・ワトソン(英国生命科学者)が『百匹目の猿現象』と名付けたのです。

百匹という数字は、そのきっかけとなる一定量を便宜的に数値化したものです。

やさしく言い換えましょう。

どこかで誰かが何かいいことをはじめると、それは集団内で必ずマネされます。

そのマネが一定のパーセンテージに達すると、遠く離れたところでも、同じ現象がはじまり、社会全体に浸透していくメカニズムのことです」（『百匹目の猿』船井幸雄著より）。

この『百匹目の猿現象』は、いろんな書物で引用されますが、実際にある話です。宮崎県の幸島という無人島に住む猿達のできごとです。50年以上も前からの話です。

猿達は与えられた芋を、身体で泥を落とすなどして食べていました。ある時、若いメス猿が川の水で洗って食べるようになりました。すると、それを見ていた他のメス猿達が次々とマネをし、大半の猿が川の水で、芋を洗って食べるようになりました。

ほどなくして、川の水が枯れてしまうと、猿達は海辺へ進み、今度は海水で洗って食べるようになったのです。川の水に比べ海水で洗うと、塩味で芋は味つけされ、おいしく感じます。まさに猿知恵そのもので、猿達の間に、その海水洗いで食べることが定着していきました。

その行為が、群れの中だけの現象だと、「あーそうか、猿まねで拡がっていったんだなぁ」で済むのですが、そうでないところが不思議なことなのです。

この海水での芋洗い現象が、遠くの大分県高崎山の猿達にまで現れてきたのです。猿は、言語での伝達法は持たず、遠隔地へ生息する猿達へ『芋洗い』を直接伝えることは不可能なはずです。しかし、現実に、高崎山の猿達も芋を洗って食べ始めたのです。

このことが、先に船井幸雄氏の著書より抜粋した内容のように、遠隔地でも、同じような現象が起こるという事実そのものなのです。

たった一匹のメス猿が行った良いこと（海水での芋洗い）が、数多くの猿達に模倣されました。群れの中で広まり、その行為が一定の猿達に定着すると、いつしか遠く離れた地域の猿達に伝播されていったのです。

驚くべき事実です。

これらの現象は、人の世界にも言えることではないでしょうか。

あなた一人が、とてもポジティブに生きていくことで、活き活きとしたあなたを見て、「あなたのようになりたい！」「あなたみたいに生きていきたい！」と思う人が、いつの間にかあなたの周りに集まってくるのです。『類は友を呼ぶ』という法則そのものです。

そのような人が、一人二人と集まることで、互いが助け合い、高め合いながらの輪づくりが可能になるはずです。その輪の中が、一定の人数になると、それは強い波動となり、他に伝播していくことになります。

そして、異なる地で、また、その輪づくりは自然体でなされていくのです。

それは、夢見るユートピアづくりではありません。


実際、そのような生き方をしている若者が私の近くにもいます。

アロマテラピーの仕事に余念のないR子さんは、常に周りの友人達を励まし、交流をはかりながら精いっぱい前向きに生きている女性の一人です。

彼女の周囲には、いつも人が集まってきます。職場の後輩の相談にも、よくのってあげている様子。人を招いては食事をし、何かと友人らと助け合って歩んでいます。しかし、その外見には、気負った様子はなく、ごく自然体な彼女です。

わが店にも、数人で時々訪れますが、彼女らが来るとフワッとした空気で和みます。あきらかに、素敵な猿達の一群です。

私達が、活き活きと歓びに満ちて生きていくための地球救済は、手の届きそうにない遠大なことではありません。このように、R子さんのような生き方こそ素敵な『人のため』『地球のため』の生き方と言えます。

今のあなたが、現時点でどのように変わり、身近な人のために、何を成すかなのです。具体的に、何をどのように成すことで、その猿になることができるかは、拙著を幾度かお読みください。ヒントになればと思っています。

以上のようなことに意識のあるあなたであれば、必ず、素晴らしい百匹目の猿になれるものと信じてやみません。

ワンポイントアドバイス

あなたも「百匹目の猿」になれる人。

4

人が自然と訪れる部屋に

あなたの部屋の役割は、自分がどのような人生を送りたいかで決まってきます。
寝るために帰ってくるだけの部屋なのか。
自分の身心を癒すための部屋なのか。
秘かに趣味に興じるための部屋なのか。
ほとんどが生活の場だけの部屋なのか。
いずれも自分だけの領域です。

これに今一つ、人と楽しく語らう場を入れると、人とのつながりが深くなり人生が豊かになることも可能です。あなただけの『場』を時々、人と交流する『場』にしてみるのです。随分と部屋の中のエネルギーが違ってきます。

一人の生活だと、部屋の中は一人だけのエネルギーです。一人では大笑いすることもなく、ただ黙々と食事をしたり、動いたり。確かにテレビやラジオの音声は響いていますが、人の肉声と異なり、温かな伝わりがありません。一人の時間を保つ場とすることも大切ですが、時には人との語らいの場にするのはとても素晴らしいことなのです。

人を招くと心地よい緊張感が出てきます。
まず部屋が片付きます。
日頃、掃除の行き届かないところまできれいにしようと奮闘します。

何かおいしい物を準備しようとワクワクします。
雑談中の音楽は、何をかけようかと楽しくなります。

このように、あなたの部屋を素敵なコミュニティにすることで、室内の雰囲気も活気づいてくるのです。

人を呼び、部屋を提供することは、面倒でなかなかやりたくない人もいるようです。しかしエイッとそこから脱皮することで人との親近感も増し、何かが生まれてきます。

人に呼ばれると、次は私もやってみようかな、となることもあります。ここで、もうあなたは人に影響を与えています。さらに、人が出入りするようになると部屋の空気が違ってきます。

一人で淋しかったりつまらなかったりのあなたや、殺風景だったあなたの部屋が軽やかな空気に包まれていきます。

あなたの部屋は確かにあなたのものです。ですが、それとともにあなたの親しくなりたい友人達に、あなたの素顔を見せるチャンスの場でもあるのです。素顔とはすっぴんの顔のことではなく、自然な状態のあなたという意味です。でも、あなたが普段通りの素顔を見せると、相手も安堵して素顔を見せてくれるようになるはずです。本来の親しさがそこから始まるのです。

そして、あなたの家に訪れる人が楽しさや心地よさを覚えると、連鎖的にまた、人が寄ってきます。心地よさは理屈を越えたものです。心地よさを感じ多くの人が集まるところには、とても素晴らしいエネルギーが流れています。楽しさの善循環が始まります。

私のシングル時代のある時期の部屋の役割は、昼は仕事をする場、夜はくつろぎ眠るところでした。仕事中心の生活で、ほとんど落ち着いて部屋の中に目を向けるゆとりがなかったと言えます。

それでも時間を見つけ、仕事で知り合った方や短期大学での教え子を招いては、時々鍋物やティーパーティーで楽しんでいました。彼女達が帰ったあとも、騒いだあとの心地よい余韻が残ったものです。

「忙しいけれど、またやるぞ！　今度は何にしようかな？　すき焼き？　それともモツ鍋？」と次回のイメージが浮かんできます。

訪れた彼女達とも以前より交流が深まりました。

長い一人の人生でしたが、人が訪れることで随分勇気づけられたことも事実です。夫と出会い、二人の生活になってからもその癖（？）はとれず、人がよく訪れていました。以前より増えました。それは、私が主婦業と仕事半々の生活で多少の時間的ゆとりが持てるようになったことも理由の一つです。

また夫もパーティー好きで、二人の知り合いで輪が2倍に広がり、楽しさ倍増というところです。

私自身、部屋の中のインテリアにはあまり頓着がないほうでした。室内のオシャレは欠如していました。それでもいろんな人が訪れるとなると、何とか人の目を楽しませようと、サービス精神から不思議に知恵も出てきます。部屋の中は、おのずと整然としようと心がけるようになるものです。今度はどんな絵を、写真を飾ろうかと楽しさも出てきます。

ところで、人が時々足を運んできたり集まったりするのは、単に楽しいというだけではありません。あなたや訪れた人の人生に、次のようないろんな相乗効果をもたらします。

- 人は、いろいろなリアルな情報を持ち寄り交換できます。
- 人は、あなたの本来を見ることができます。

- 交流が深まり、親近感が出てきます。
- 仲間がいるという豊かさを感じます。
- 室内をきれいにしようと心がけるようになります。
- 何よりも家の中のエネルギーが変わります。
- ポジティブな仲間との語らいは生きるエネルギー源にもなります。
- 次回の楽しみを持てます。

等々……。

また鍋会など多人数が集まり経済的に負担を感じる場合は、「参加料いただきます！」と率直に伝えたほうがいいでしょう。そのほうが長続きするものです。

このように張りのある生活のためにも、あなたのライフスタイルの中に少しずつ人が訪れる部屋（状況）づくりを入れてみませんか？

実は、その私達のワクワク人脈が続き、いつの間にか現在のコミュニティ（インド料理レストラン）作りの協力者になってくれているので驚きです。店のスタッフにも加わりました。この随分長い期間でできていったワクワク人脈は、当初はスタッフになど、私達夫婦は何も意図していなかったから不思議なことです。

ワクワク過ごしていればそんな人と本当に出会ってしまうんですよ。

それに、楽しい出会いは楽しい空間をつくり、楽しい人を連れてきて、いつの間にか楽しい未来ができてきます。

ワンポイントアドバイス

人が訪れることで明るく変化する
あなたの部屋のエネルギーとその先にある人生。

5 『人のための私⁉』でもあるあなた

あなたは、いつも自分のことだけのために人と会ってはいませんか？

自分のことを話したいだけで電話をかけていませんか？

それとも人と会うのは用がある時だけ？

もちろん、自分の人生ですから「会いたい時に会いたい人と会い、話したいことを話す」という生き方は、全く自然な理屈でもあります。まず自分の気持ちに正直になることは大事です。

しかし、人との接触があまりにも自分本位になりすぎると、人は遠ざかろうとします。人は敏感に、そのようなあなたを察知しています。

あるいは、相手も一人になるのが淋しいがゆえに離れられず、あなたと単なる腐れ縁でつながることにもなりかねません。そうすると、互いに人としての発展性は全く望めない関係になってしまいます。悲しいことです。


そこで、少し視点を変えてみましょう。

あなたが失恋をしてつらいとき、あるいは仕事で大きなミスをして落ち込んでいるとき、話を聞いてくれたり勇気を与えてくれた人が、周りに一人や二人はいたはずです。あなたは、その役割をしてくれた人がいたからこそ、立ち上がることができ、明るさを取り戻せたのです。

人の出会いは循環関係で成り立っています。誰かのおかげで立ち上がれたり、前向きになれたあなたは、それを次なる人にお返しする番がやってきます。

そのことを意識すると、あなたの存在によって変わることのできる人が寄ってきます。あなたが励まし、勇気を与えるべく人が寄ってきます。

しかし、そのことにあなたが目覚めても実行しなければ、たとえ人が寄ってきても単なる出会いで終わります。

もし、あなたが誰かに勇気を与えたり、ヤル気を促し、影響力を与えると、あなたは今まで以上のエネルギーを得ることができます。あなた自身に、みなぎるものが出てきます。それは、人に良い影響力を与えたことによる大宇宙からの最高の贈り物です。

ただし、その時あなたの行為や言葉が、過剰なお節介にならないよう、相手の様子を見ながら、ＴＰＯに応じた接し方を心がけねばなりません。

人はつい、安易な道を選びがちです。『ことなかれ的』な、あるいは『自分のみの楽しさ』の道を。

しかし、そのような生き方では決して『輝くあなた』になることはできません。人は、人のために何かをしてあげることも必要な場合があります。

他の項でも述べていますが、あなたの貴重な時間を、誰かに提供することもその一つです。人は、自分一人で勝手に生きている存在だと思うと大きなしっぺ返しを受けます。『人の出会いは循環関係』と述べましたが、各々が誰かの役に立つことができるように生きているのです。

よって、あなたが生きることは自分のためだけではないと言えます。誰かにとって不可欠な存在でもあるのです。

だからといって、他人を意識しすぎる生き方では、リラックスできません。あくまでも自然体で……。「自分らしいあなた」を保ちながら……。その中に、人のことを思うあなたが、少しでも芽生えていれば、今、述べてきたことは普段のあなたで意識しすぎることなくできているはずです。

「やらねばならない」では義務化します。そうではなく、「人に歓んでいただき前向きにさせてあげられる生き方、暮らし方」が自然体で本来になれば、あなたの人生そのものが確実に豊かで輝くものになってくるのです。

ワンポイントアドバイス

「人の歓び」をあなたが歓べたとき、それは最高の歓び。

6 人を助ける あなたの体験

体験は、人に話してこそ活きてくるということを知っていますか？

人は、嬉しかったこと、楽しかった体験は容易に話したがります。ですが、つらく苦しかった過去のことは、誰しも話したがりません。しかし、苦い体験こそ話したほうがよい場合があります。

誰にでも話す必要はありません。必要なとき、必要な人に話すために、私たちは『体験』をしていることもあります。

もし、あなたが失恋をしてつらいとき、同じような体験をし、乗り越えた人から過去の話を聞き慰められると、どんなに励みになることでしょう。

仕事で大失敗をしたとき、同様な失敗を経験した先輩や友人に励まされ、アドバイスを受けると立ち直りも早く、勇気すら出てくることがありませんか？「ああ、この人も、自分と同じように、つらい目にあったんだなぁ。私だけじゃないんだ」って。

自分と同様な経験をした人の体験談を聞いていると、その苦しみから抜け出した相手の体験の中に、自分を見い出し、何かしら一筋の光すら感じることがあります。「そうだ、私だってできるんだ。やれるんだ。この人だって今は、こんなに乗りこえて生きているんだから」というように。

随分前に見た『奇跡体験！　アンビリバボー』というテレビ番組での話です。モンゴルのツォゴー君という男の子が、火事で両足をなくしました。義足をつけることになったのですが、当初はそれをつけることに抵抗していました。

そんななか、彼の義足をつくってくれた男性が、ツォゴー君と同じ義足をつけていることが分かりました。その義足装具士の体験を知り、ツォゴー君は勇気を出し、素直に義足で歩くことを決意したのです。

それから四年後、彼は明るくモンゴルの平原を走っています。それだけでなく、彼は将来、自分のように足のない人のために、体験を活かして、義足装具士になりたいという決意をしています。

ツォゴー君は、自分と同じ体験をした義足装具士に会わなければ、これほど明るく、前向きに生きられなかったかもしれません。義足装具士の体験がツォゴー君を救ったのです。

人の体験は、どれほど人を勇気づけることでしょう。あなたの体験も、必要なとき、必要な人に是非話してあげてください。

そうすることによって、あなたの過去の体験が活かされ、全ては無駄ではなかったことがきっと分かるはずです。

ワンポイントアドバイス

あなたの体験で無駄なコトは一切なし。

7 感謝について

「ありがとう」の言葉が、なかなか言えない人がいます。親子や兄弟など、お互いが親しい程、スムースに感謝の言葉は出にくいものです。気恥ずかしさがあるのも分かります。ですが、「言わなくても分かってくれているはず」と、高《たか》をくくっているととんでもないことになります。感謝を全く表せないと、「うちの息子（娘）は恩知らず、親に感謝の気持ちもない！」となるのです。

以心伝心が通用しにくい世の中になっています。

友人にさえ、中にはお礼の言葉が簡略化されて「どうも！」で済んでしまっている人がいます。相手によっては「何この人！」と誤解されるかもしれません。

恐いことです。

『感謝』は明確に、言葉や行動や贈り物などにも、表す習慣をつけたいものです。あなた自身がそれを言われたり、行動で示されたり、物をいただくとどんな気持ちになるでしょうか。やはり、嬉しいはずです。

確かに『感謝』は、思う気持ちそのものです。だからといって、思っているだけでは相手に伝わりません。素直に表現して初めて伝わります。

生きていることにありがたさを感じている人は、全ての出来事や物に感謝ができます。

人との出会い、目の前の食べ物、野山に咲いた草花、さえずる小鳥たちに、思わず「ありがとう！」って言いたくなります。そよ吹く風にすら……。

するとと、生きることがいつの間にか、益々楽しくなります。

不思議です。

『感謝』とは、人として生きていく上での『原点の言葉』と言えます。『感謝』の気持ちがよく分からない人は、とても不自由な中に自分を置いてみると、よく分かります。

しばらく人と話すことをやめ、食べ物すら食べず、四方壁だけの部屋の中で膝を抱えてジーッとすることを試みてください。たとえ、一日でもいてもたってもいられなくなるはずです。

あるいは、発展途上国や未開の国へ旅行するのも良いですね。必ず、大きな発見があります。

改めて、物や人など、あらゆる存在にありがたさが出てくることでしょう。

随分むかし、私が20代の頃、タイのバンコクへ旅行したときのことです。ある日の行き先はゆったりとした片田舎。無性にコーヒーが飲みたくなり、喫茶店を探したのですが、それらしきところがなかなか見つかりません。その頃のタイは、経済の状況が今ほどよくはありませんでした。

やっと見つけた「それらしきところ」で出されたものは、アルミニウムのコップに入ったインスタントコーヒーです。友達と顔を見合わせながら、何とも言えない表情で、仕方なく「それ」を飲んだことを、今もって忘れることができません。

帰国後、自分で入れた一杯のコーヒーに、至福の気分を味わい、改めて美味しいものを手軽に口にすることのできる、日本での我が生活に心から感謝したものです。

身近にあるものをいったん手放し、不自由さを感じ、再びそれを手に入れたときに、人は「ありがたい！」と感謝できるような気もします。

しかし、本来は小さな出来事であっても、自然発生的に「ありがたいなぁ！」と思うことができるようになると素晴らしいですよね。すると、さらにありがたい現象が訪れるようになっています。

普段、ほとんどの人が『ありがたさ』を感じるのは『コト』や『モノ』が、手に入ることの事実そのものに対してでしょう。給料も、今いただいている額が少ないと嘆くより、いただける事実に対して歓ぶことがずっといいと思いませんか？

悔やんでも何も進展することはありませんし。悔やみっぱなしだと、もっとよくない結果を招くかもしれません。


今ある事実に感謝して、初めて次の段階へのステップが用意されているようになっているのです。『感謝』も繰り返しの訓練です。まずは小さなことに対して『感謝』です。

ワンポイントアドバイス

『生きている』ことに感謝しているか？
あなたの生き方はそこから。

8

感謝とは「言葉」で「形」で「行為」で表すこと

以前、宿泊したホテルの温泉に行ったときのことです。

手の指先を少し傷つけた3歳位の男の子が、「お母さん、絆創膏《ばんそうこう》、絆創膏」と今にも泣き出しそうな顔になっています。偶然手元にあったそれを、私は彼にあげました。すると、その子は礼儀正しく頭を下げて「ありがとうございました」とお礼の言葉が言えました。

私は驚きました。

3、4歳では、まだそんな言葉は自ら言えない子が多いのではないでしょうか。お辞儀が正しくできたこともさることながら、すごいと思ったのは私の目を見て、「本当にありがとう！」という気持ちが伝わってきたことです。それも自然に、彼の目や動きに、姿勢に表現されているのです。
やはり、坊やには母親の存在がありました。彼のかたわらから、「ほんとにすみません」とその子の言葉にかぶせるように、柔らかな言葉がかけられました。

子はもっとも身近な存在に、善きにつけ悪しきにつけ影響を受けることが分かります。わずか絆創膏1～2枚なのに二人して丁寧なお礼の姿勢です。私はかえって恐縮し、温泉での心地よさが倍増した気になりました。

このように感謝の気持の表し方は、小さなときから教えられ、学習し、身に付いていきます。
はたして私たちが、誰かに感謝の意を表す際に、先の子のようにどれだけ気持ちを伝えることができるでしょうか。感謝の意思表示として、お礼の言葉を述べることは当然のことです。ですがその他に、何かをしてあげたり、贈り物をするなど感謝を形にすることも忘れてはなりません。

日本の風習として定着しているのが、夏のお中元と冬のお歳暮です。

形だけになっている感もありますが、年に一～二度の品にありがたい想いを託するという意味なら、それはそれで良いのかもしれません。ここではそれについての是非を問うつもりはありません。心の表し方の一つとして、物で伝える重要性が述べたいことです。

ともすると「ありがとう」の一言で、簡単に済ませがちな現代です。しかし、それでは本来の気持ちが、伝わりにくいことがあります。それをわざわざ手紙に書いたり、メール、LINE、Facebook で気持ちを伝える。あるいは相手の歓びそうな物を贈ることで、ハートに届くのです。

つまり、「ありがとう」を手間隙かけて形に表すということです。

感謝とは、ある意味では手間隙かけてすることと言っても過言ではありません。相手の何かの手伝いをすることやヘルプに応えることも、ありがとうの恩返しになります。全てはその時の相手や、状況に応じた感謝の表現を想いを込めてすることが大切です。

また、感謝の表現（恩返し）にはこのくらいでもういいというものはありません。あなたが納得するまでし続けることが大切です。

Aさん男性（50代後半）は、25年前に喫茶店をオープンするのにお金を借りました。

その時、保証人になってもらった伯父にあたる方に、返済し終えた現在も毎年、お中元、お歳暮など相手の好みそうな物を贈ることを欠かしたことがないと言います。喫茶店が今日まで続いているのも伯父のおかげ。可能な限り中元、歳暮は欠かしたくないと言います。

また、うつ状態に近かったM子さん女性（40代前半）は年上の女性S子さんに会うことで触発され、前向きに明るく生きることを取り戻せました。M子さんにとってS子さんは命の恩人です。その感謝の気持ちを常に何かで伝えているM子さんです。

旅先では珍しい土産を買ってきたり、手作りのマフラーをあげたり、郷里から送られてくる品々のおすそ分けなど……。S子さんの負担にならない範囲で気持ちを表しています。

『感謝』とは思っているだけでは相手に伝わりません。

感謝の意を伝えたい人にその人が、本当に歓びそうな物を、コトを、心から提供できることが、その表れと言えます。あなたの時間やお金も、感謝の形として十分有効に使えます。

今回そのことを忌憚なく話してくれたお二人に感銘しましたよ。

ワンポイントアドバイス

感謝を表すにもいろいろな方法が。
タイミングを逃さないことも重要。

9 何があっても感謝できるあなたであるか？

何かよいことがあって「ありがとう！」と言えるのは当然のことです。
しかし、
病気になって「ありがとう！」
上司に叱られて「ありがとう！」
先輩に忠告されて「ありがとう！」
これらが、自然発生的に心の中に出てくると素晴らしいことです。

人は自分自身に痛みを感じることが起きると、なかなかそれを必然的なこととして素直に受けとめることができないものです。

「何でこんなにお腹が痛くなるの！」

それは、「あまり食べすぎないようにね」とお腹が痛みで知らせているのです。あるいは、「食後すぐの、無茶な運動はさけてね」と、痛みでブレーキをかけているのです。

「どうして私ばかり叱るの、あの課長！」

それは何故自分だけなのか、何か原因があるはず。よく考えるチャンスです。どんなことで叱られているのか冷静になって、自分のことを見つめるチャンスですらあります。

「○○先輩私によく忠告するのよ、うるさいわ！」

主にどのような時に忠告されるのか、考えてみる必要があります。忠告されるということは、先輩があなたに可能性を感じている証拠です。それに気が付かねばなりません。

このように、いったん自分のマイナス感情にブレーキをかける訓練をするといいでしょう。そして、言葉の表層の部分だけでなく、もう一歩深いところで内容を捉えてみること。すると、何かを発見でき、不思議につらい現象やきつい誰かの言葉に、「ありがたい」という想いすら、出てくることがあります。

人は、瞬間に出てくる感情はどうすることもできません。よって、間を置いて「なるほど！」とうなずくことのできるあなたになれば、それで良いのです。

あるカップルの話です。

男性より女性のほうが3歳程年下らしい。旅先で、女性のほうが5歳程年上に見られ、ひどく憤慨したという話を聞きました。

話によると、その女性は常にノーメイクに近くダークなカラーの服を身につけ、地味な雰囲気らしいのです。それに比べて男性の方は童顔で、実年齢より若く見られるとのこと。イメージするだけで「なるほど！」と思えてきます。

このような場合、彼女はそのように見られていることが嫌ならば、何らかの工夫が要るかもしれません。よりフレッシュなオシャレの研究が必要です。女性は、年齢を経るごとに外見にも気を配らなければ、男性に比してどんどん老けて見えるようになります。

今回、そのことを嫌われ人となり、言ってくれた旅先での方に本来ならば「気付かせてくれてありがとう!」なのです。それから、「よーしっ!」とばかり益々その女性のオシャレに磨きがかかればしめたものです。

実際、起こる現象に無駄なものは一切ありません。その人に必要だから起こるのです。

このカップルのことで、ふと思い出した過去の私のこと。私が結婚して間もない頃の話です。

夫とショッピングに行ったときのこと、レジの女性が「商品は息子さんに渡しましたよ」。それを耳にした私はガビーンと来たのです。夫は私より16歳年下。出会った頃の夫はホントにニヒルなボンボン顔の27歳（夫よごめん。ホントにそう思ったので……。あれから24年経過。今はカンロクもまあまあに）。当時私は女ざかり（？）の43歳。

それから4年後に結婚。実は結婚後に、しばしの間仕事を減らして慣れない専業主婦の期間があったのですよ。47年間気楽な一人暮らしでしたから。

多分主婦業がほとんどになったその期間の服装は緊張感なしファッションで、専業主婦で安心顔さながらだったかもしれません。

その瞬間はレジ女性の声で多分不機嫌な私だったような……。しかし落ち着くとホントにまるで「天の声！」に思えたのです。

それからはシングル当時に返り、内外共に磨きをかけた私ですよ（大笑）。気付けば女磨きに必然的な流れも出てくるというもの。

それから徐々に「負」と思える声にも「気付きをありがとう！」と言えるようになったのです。今思えば、実に滑稽な出来事でした（笑）。

しかし、今では「ご夫婦同年代でしょ？」時には「奥さん年下では？」と、言われるまでに……（すみません。手前みそすぎて）（笑）。

耳に入る言葉で、何かに気付かねばならないことが往々にしてあります。確かにそれは瞬間、素直に受け取れないこともあります。しかし、時を経てそれに気付き、何かをつかめたときに一段アップしたあなたになることができるというもの。

要は、自分にとって一瞬、嫌な声や現象であっても、その後に何かを肯定的に感じられるようであれば、誠に素晴らしいことなのです。

場合によってはお相手に「悪（？）」を演じてくれてありがとう」です。

ワンポイントアドバイス

一見、嫌な悪状況のときこそ
「ありがとう」が言えるあなたに。

10

全ては川の流れのように

あなたは失敗したことを、いつまでもくよくよ考え込んで、無駄なエネルギーを使っていませんか？　確かに、失敗したり、めざすことがうまくいかなかったときは、ショックだったり、苛ついたり、焦ったりしますよね。

しかし、どんなにあがいても心がそのままの状態だと、益々うまくいかない結果を招いてしまいます。いっそ、その流れに逆らわず、乗ってみてはいかがでしょう。

希望大学に不合格。

と、いうことは、その大学へ行く必要がないから。受かった第二志望の大学があなたに合っているのです。

入社試験に落ちてしまった。

それならば、次に待ち受けている会社に、挑戦すればいいのです。受かるまでチャレンジです。受ける過程で、何かの学びがあるやもしれません。

転居したいところに家が見つからない。

そんな場合は、探す地域を少し変えてみてはいかがでしょう。そして、楽しみながら探します。あなたにとって適切な家が、他のところに用意されています。

彼（彼女）にふられたのなら、真の相手は他にいるからです。

このように、全てをすぐスパッと切り替えるのは難しいかもしれませんが、ずっと落ちこんでいたり、ぐじぐじと諦め悪く考えていても、何もことは前に進みません。

駄目になったことを、ただ悲観的に受けとめるのではなく、一つの流れ（プロセス）と捉える訓練をしてみましょう。その過程で大きな気付きがあるはずです。

どんなに悲観的な人でも、考え方は、繰り返しの訓練で変えることができます。

そして、うまくいかなかった苦い体験は、あなたへの大切な教訓であることを、忘れてはなりません。

ワンポイントアドバイス

全ての流れ（過程）は、あなたの幸せへの道。
決してくさらず落ちこまず、
「良い線路はすでにしかれている」と思い込む。

11
求めたり、探すモノ（人、物、環境）と出会うには

例えばあなたが、家探し、仕事探し、出会い探しをしているようであれば、まずご自分の波動（心の状態）を《プラスマインドの状態》に高めながら行うほうが望ましいと言えます。

それに、もし現在何かつらい想いがあったり、落ち込んだり、淋しい状態であれば、ちょっと世間の暗さから遠ざかり温かな場所を求めたり、心を和ませ楽しませたり歓ばせることをお勧めしたいと思います。

何故ならば、あなたの存在が発する波動と引き合うように、同じような状態

の人、物、環境と遭遇してしまうからです。

共鳴現象が起こるのです。


淋しかったりつらかったりの連続だと、それに呼応するかのように同じ波動を持った人、物、環境などを引き寄せてしまいます。

よってそのような現象と出会わないためにも、楽しんだり歓んだりする日々を過ごすことがとても大切です。

人の歓ぶことをすると、自分がいつの間にか歓んでいるのが本当に不思議ですね。

人間とは文字通り、人と人の間に生きる存在者と書きます。ですから、人との関わりの中で人を歓ばせると、その結果自分が歓ぶことになるのでしょう。

そのような関係性の中でのワクワクの連続も、自分に適切な人、物、環境とのめぐり逢いを作るようになっているようです。

では、このようなストレス社会で、普段この他にどのようなことをしたら常にあなたの波動をさらに高め維持することができるのでしょうか?
それにはいろんな方法があります。

- プラスのイメージング(あなたの今日一日や近未来のこと、その他)や祈りは短時間でも朝が効果的。
- 人への祈り、感謝の想いを日々持てる自分になる。
- 生活の中で、極力プラスの言葉を使う習慣を身に付ける。
- 行動力を身に付ける(行きたい所に行ったり、行動範囲を広く持つ)。
- 人と話す。その際には相手を褒めたり楽しい話題を提供する。
- 人を励ます。
- 落ち込んだ場合、少しでも跳ね上がる工夫をする(好きなことや気分のいいことをする)。
- 深呼吸を一日に何回かやってみる(体調が悪いときや気分が滅入ったときに効果的)。

このようなことを繰り返しやってみると、跳ね上がり方は速くなります。
まだまだ考えると出てくるのではないかと思います。

常に、このように自分を高い波動のほうにナビゲートできる方法を身に付け、実践していると、無理に求めずともあなたはいつの間にか出会いたい人、モノ、環境に出会っているはずです。

ワンポイントアドバイス

適切な出会い（人、物、環境）には心ワクワクと波動をあげること。

12

人を歓ばせるなかで出会える「役割！」「使命！」

人は生きている限り、役割や使命を持って人生を歩んでいます。

「使命」と聞くと、何だか大げさに聞こえるかもしれませんが、それは自分の立ち位置で自らを最大限に活かし、人様の役に立ちながら、人様に歓ばれることだと思います。

あえて人様の役に立とうとしゃにむに思っていなくても、やりたいと思うことを前向きにワクワクとやっていれば、不思議なことにそれが結果として意外に人様の役に立っているものです。

私の知るなかで、次のような方がいらっしゃいます。

•広い庭で好きな花作りをしているご近所の奥様は、季節の花を人様に分けて差し上げることで、とても歓ばれています。

•定年退職をしたある男性は、近所の草むしりや、夏場は近所の夜の見回りをして歓ばれています。

•昼は勤めながら人の身体の治療を研究し続けているある男性は、遠隔から人様の身体のケアをし続け歓ばれています。

•あるいは仕事の世界でも、現在のお仕事に強い使命感を持って働いていらっしゃる方も身近にいます。

•アメリカ人のSさんは、宇宙人とのコンタクトを取ることができ、地球人とのパイプ役になり、世界の平和を目指しています。現在はメディアに登場したり出版活動などで、大忙しのようです。合間には音楽のライブで人様を歓ばせています。

- ある農家レストランを営むご夫妻は、無農薬野菜を奥様の手料理でふるまい、全てのお客様に癒しの食事と場所を提供して、心からのもてなしをすることをご夫妻の使命と思っていらっしゃいます。
- 手相鑑定のMさんは、手相で人様の人生のアドバイスをしながらも、いつかは自分のような仕事がなくなることを願いつつ、「人の心に灯を」と思いながら日々動いています。

これらの人々は、ほんの一部ですが、いずれも人様の歓びの姿を見るのが大好きなようで、動きのなかでのサービス精神も旺盛です。

皆さん、これまた日々異口同音に「自分がやりたいから楽しんでやっている」とおっしゃっています。

それに、そのような方々に共通して言えることは、自ずと周りに人が寄ってきていること。人を歓ばせると、人様は自然と近付いていきたくなるものです。

世の中には役割や使命を感じる、感じないにかかわらず、周囲に歓ばれる生き方をなさっている方が、このように随分増えてきたように感じます。

それは、何も前述のような特別な方のみではなく、他人様に言われたからやるのでもなく、自ら「やりたい」「やってみたい」「やらずにはいられない」と沸々と中から湧き出てきてやったことの結果でもあります。

「やらなければならないからやっている」、あるいは「人様がやるから自分もやる」、あるいは「得になりそうだからやる」などと計算の想いからやるのではなく「自らのやりたいことをやる」。

本当にそういう生き方って素敵ですよね。

それに、やりたいことや、やりたい時期すらその方にとってベストな時期があるようです。焦ることなく、人様と比べることなく、ただただ内なる自分と向き合い、正直に前に向かうことが最も肝要だと思います。

使命とは、「命を使う」と書きます。

つまり、あなたという〇〇さんが、その命を全うするまでに課せられた、やりたい何かが必ず出てくる時があるはずなのです。

その時を待ち望み、ワクワク、ルンルン、ドキドキ感を保ちながら、毎日を思いのままに動いていただきたいと思います。

ワンポイントアドバイス

「使命」「役割」とは決して大仰《おおぎょう》なコトではなく、あなたが心底「やりたいコト！」「成したいコト！」。

13

「気付いた時」が「気付く時」

ふと思い出しましたが、これもまた随分前の話です。

久しぶりに昔の友人に会いました。彼女は、私が十年余り会社勤めをしていた頃のかつての同僚です。二人の子どもも手から離れ、あとは思いっきり自分のやりたいことをやってみたいという意欲が見えます。

話が弾み、半ばになった頃、突然彼女の口調に力なさを感じ始めます。私との会話の中で、ふと自分が人の気持ちや立場を、あまり感じることができないことに気がついたと言います。

人の痛みを自分の痛みとして、積極的に感じ取ろうとしない自分がいるらしいのです。


彼女は、自問自答しながら、次のように言い出しました。

「私はあなたのように、さほどつらい想いや苦しい体験をしたことがないのよ。大学への進学も、就職にしても、親がかりであまり深く考えないでスーッとここまで来てしまったので、そのことを得た歓びや、得るまでの苦しさなどがよく分からないの。だから、他の人が困難な状況にいても心境が分からない。そのことって、ちょっと悲しすぎるよね」

ポツリポツリと彼女は続けます。話しだしたときの精彩をいつの間にか失っています。

「主人に対してもそうなのよ。つい私、ものすごい愚痴を言っちゃうのよね。夫もクタクタで帰ってきたのだろうに、どうしようもなくグチッちゃうのよね。

他の友達にも、つい『何よ、そのくらい』って言ってしまって、冷たい人って誤解されるのよ。こういえば相手がどう思うとか、どう感じるかなど、人の想いが感じ取れない私がいたのよね。あなたみたいにつらかった体験がいくつもあると、それを相手に感じたとき、優しくなれるのよね。羨ましいわ」

彼女は話しながら、自ら自分への答えを出し続けます。

「たとえ、過去の自分に苦しい体験がさほどなかったにせよ、あるいは人の痛みがよく分からないにしても、今、そのことに気付いたわけだから、それ自体が凄いことよ」と私は彼女に応えたことを覚えています。

「そうかしら？」と、彼女は軽く首を傾げます。

過去に、そのような体験がないといくら悔やんでも、そこから何も生まれるものはありません。人との会話の中で、そのようなことに気付いたら、そこからがその人の新たなスタートと言えます。

ここで、「若いときの苦労は、買ってでもせよ」という昔の人の言葉を思い出します。

彼女の話を聞いていると、私自身、自分の過去のつらい想いをした体験が一段と光り輝く宝物のように思えてきたのです。苦しいできごとの渦中にいるときは、誰もが、少しでも早くその中から脱したい想いでいっぱいになります。しかし、そのことが時を経て、自分を成長させる研磨剤であり、人の痛みを感じとることのできる材料であったことに、初めて気付く時があるのです。

なかには、そのせっかくの研磨剤に、気付かなかったり、耐えかねて、まるで自分が、悲劇のヒロインにでもなったかのような錯覚を起こしている人がいます。

そのような人は、人生の落伍者で終わりかねません。

「気付いた時」が、「気付くべき時」なのです。気付いたその瞬間から新たな自分になれば良いのです。今の苦労は、必ず先の財になることを思いながら……。

これらのことを発見した彼女は、今後、人との接点がある際、きっと何かを今までと違って感じ、優しさを持てるのではないかと信じています。

ワンポイントアドバイス

気付いた瞬間がスタート。
一秒前は過去のこと。

14

あなたの「最も大切なモノ」とは

今、40歳を過ぎてから結婚する方も増え、人生が本当に多様化してきました。そんななか、カップルになると子どもが欲しくなるのは、ごく自然なことだと思います。高齢出産という言葉も少しずつ薄れ、40代の出産もあまり珍しくなくなってきました。現に、私の周りにも、40歳を過ぎて子どもに恵まれた方が2組います。

それが是か非かは別として、できた方々は神様からの授かりもので、とても素敵なことだと思います。しかし、なかなか授からないからと気が焦るあまり、それがストレスになってしまっては困りものです。

そんな方は、ここで一旦立ち止まり、「私は、はたしてどのような生き方を望んでいるだろうか」とじっくり考えてみるのもいい機会ではないかと思います。

「もし子どもができなかったら」「もしうまく授からなかったら」などとシミュレーションするのもいいものです。

40代で結婚したAさん夫婦は、「子どもは欲しいけれども、我が子が成人式を迎える頃には、自分たち夫婦はとうに60を過ぎているし、子どもには残酷すぎて申し訳ない。それは自分たちのエゴではないかしら。だから子を作るのはやめよう」と話し合った直後、子どもを授かったと言います。

不思議なもので、執着にも似た想いを一旦手放すと、その後にスーッと入ってきたり、欲しいものがある場合、欲望が強すぎてもかえって手に入りにくい結果を生むことがあるのです。

「全ては天からの授かりもの、でも可能ならいただきたい」と力み過ぎず、日々を自然体で生きる位がいいのかもしれません。

それに、そんな場合、パートナーとの人生で、今も未来も最も大切にしたいものは何かということですよね。それは子どもができなかったことを想定した、長編のドラマでもあります。

シングルの方の場合も、一人でも楽しく強く生きていけるために大切にしたいものは何か？　例えば生涯かけての大好きな仕事、三度の食事より熱中できる趣味、友人との語らい、コミュニティ形成など、人それぞれです。

いずれにしても、あなたの一番大切にしたいことを基軸として生きていくことで、考え方も深まり、人との繋がりもできていくはずです。

自分にとってたった一つの最も大切なことを繰り返しやり続けるそのプロセスで、結婚や子どもができると、本来のあなたらしさの中での幸せ感も倍増するのではないかと思います。

結婚や子どもができることのみを人生の目的としてしまうと、そこに到達してから先の道のりの迷いが生じる場合もあります。

よって、自分にとって最も大切なものを保ちながら、あなたらしさを活き活きと表現できる人生を歩むこと。そうすることで、自ずと幸せを感じるあなたがいるはずです。

さて、今あなたにとって、最も大切なものとは何でしょう？

ワンポイントアドバイス

あなたの「生きたい道」はオンリーワンではない！
いつからでも、いくつからでも未来は選べる。
自分にとっての「大切なモノ」をしっかりと定める。

15 言葉の力を知る水は正直

プラス（前向き）の言葉を発すると気持ちがアップし、人が嫌がるマイナス（後ろ向き）の言葉だと気持ちが沈んだり、やる気がなくなったりするのは周知の事実ですよね。

でも、「分かってはいるけれどやめられない」というのも現実かもしれません。

しかしです、そのことをしっかり理解し、その事実を目で確かめることができると、マイナスの言葉を言うのが嫌になるはずです。言葉によっては、怖くなるかもしれません。

その一つの実証として、言葉の波動を水の結晶で表した実験があります。用紙に言葉を書き、水を入れた瓶に貼る。それをある方法を用い、水の結晶を顕微鏡で見てみるのです。

そうすると、「ありがとう」と書いた紙を貼った水は、美しい雪の結晶のようになり、「ばかやろう」と書いた紙を貼られた瓶の水は、凸凹のひどい醜い結晶体になっています。

この本（１９９９年に有名になった写真集『水からの伝言』、故江本勝著）は、相当の時間や労力をかけて制作したもののようですが、ある意味、言葉の実態を如実に表しているものでもあります。

あるいは、植物にも良い言葉をかけ続けて育てると、活き活きしてくるなど、最近ではいろいろな実験が行われています。

人間の身体は70～80％は水分でできていると言われますが、実際に人が言っている言葉というのは、そのまま体内に転写され、そのような波動を発するという理屈も考えられます。

つまり、言葉の使い方で波動が変わり、人生が変わってくるとも言えるのです。

それは怖くもあり、とても素晴らしい結果を招くということにもなり得ます。

要は、話すときに何を心掛け、どのような言葉を使うかということは、とても重要なことなのです。

知人のシンガーソングライターの池端克章さんは、数年前に日本の数か所でライブを行ったようですが、彼の新しく出たＣＤが偶然にも「水の妖精」というタイトルです。

彼の奏でるギターや歌の波動を、水に転写して結晶として表しています。それは、見事なまでに雪のように美しく、見る人を優しくしてくれます。

驚きました。

彼の発する言霊やギターの音色が、今回のステージでも、さらに聴く人を癒してくれることでしょう。

もしかすると、あなたが発する空気感は、心の中の言葉のつぶやきの波動が作り上げているのかもしれません。

その波動に合わせて、人が、モノが、出来事が引き寄せられると考えると、いかに言葉の使い方も大切かを再認識させられますよね。

ワンポイントアドバイス

あなたの今の人生は
今まで言ってきた「言葉」や「動き」の反映。
今、言動を変えると未来は確実に変化する。

16
「余計なことは考えない！」より「湧くこと、希望的なことをする、考える」

人というのは、強いけれど弱い所もあって、すぐ余計なことを考えがちです。どうも脳そのものは、そのままだと自然と悪いほうへ考えがちな存在のようです。

余計なことを考え始めると、頭の中は負のスパイラルへ。あまり考え過ぎると、それがストレスになったり、はたまた身体に影響を及ぼすこともあります。あるいは、そこから抜け出られなくなり、発展的な道へと進むことが困難になります。

でも、大丈夫。

脳というのは幸いなことに、不器用にもできていて、同時に一つ以上のことは考えられないんですよね。

私は何かあって気が滅入っているときなどは、一旦考えるのをやめてすぐ席を立ちます。そして掃除を始めたり、本の整理をしたり、楽しい音楽を聴いたりして動きながら頭の切り替えをすることにしています。いつまでも心の中が陰々としていると、人生の損失になりますからね。

それから、今この瞬間、楽しいことをしたり考えたり、より希望的な近未来のことを思ったり、刺激のある良書に目を通すなど、心地いい時間をたくさん持つようにしていますよ。

もちろん真剣に考える時間もありますが、それすら前に進めるように。そうすると、いつの間にか負の瞬間は少なくなっているようなのです。

人様のことを思うのもいいですよね。その場合もご両親の元気な姿や、Aさんがパワーアップした姿、Bさんの活き活きと仕事に向かっている様子などをイメージして。

他にも、瞬間、心の負の状態から回避する方法はいくつもあります。挙げてみましょう。

1. 美味しいものを食べる
2. 心地よい音楽を聴く
3. ただただ歩く
4. 良書を読む
5. 大空を眺める
6. 面白かったり元気の出る YouTube を見たり、DVDを見る
7. 職場なら一旦席を立ってお茶を飲みに行ったり、今日のオフタイムの楽

しい予定を立てるのもいい

8．呼吸法（深く鼻から息を吸い、徐々に口から吐く）。仕事の合間にカンタンにできる（気持ちをリセットするのにとても効果的です。想い方も肯定的になってきます）

私の友人は、ある本で知った瞑想に興味が湧き、朝夕やってみると、とても心が落ち着き始めたらしく、今も続けているようです。

その他にも、まだまだ挙げると際限なく出てくると思いますが、とにもかくにも自分自身の心の中がアップできることをたくさん箇条書きにして、心が湧くことをリストアップして傍に置いておくのも良い方法だと思います。

そして、心が静まり落ち着いてから、起こった問題の解決策・改善策を考えると、スムースにいきやすくなるものです。

イラつきや心配など「負」の想いをずっと持ち続けると、そのあとさらに尾を引く状態が続き、次々に同様の現象を引き起こしたりすることになります。それに、頭の中が負の状態のままで対策を講じたり、次に行こうとしても、中々妙案が出にくいもの。イラつきや不安感は、余計なことまで考えてしまいがちですよね。

一旦脳の中をクリア、快の状態にして本来の自分に戻すことが肝要です。それからシンキングタイムに入るのです。

それでも、目に見えるものに惑わされたり、耳に聞こえることに疑心暗鬼になるなど、鍛えるのには厳しいこともあるやもしれません。

しかし、それはそれだけあなたには鍛えがいがあるということなのです。繰り返し、繰り返しの連続の中で結果は出てきます。何事も訓練です。

ワンポイントアドバイス

今瞬時、「脳」は一つのことしか考えられない。
どうせ「脳」を使うなら、
楽しいことやワクワクすること
情熱的なことに使えばいい。

第三章　人間関係編

1
人から受ける注意、忠告は大宇宙の示唆〈その1〉

母親から生前に言われていた言葉を、時折思い出すことがあります。
「他人様から、何も注意されなくなったらおしまいよ！」と……。
年齢を増すごとに、注意などしてくれる人が少なくなってきます。
今の私には、夫ぐらいでしょうか？

人間とは勝手なもので、何か注意や忠告を受けると、瞬間ムッとして「そのくらい、言われなくても分かっているわよ」と、反発の虫が騒ぎます。

それが、周囲から全く言われなくなってみると、

「ハーッ、そんな年齢になっちゃったのか」

「これでいいのかな？」

と、不思議な感覚にもなります。


周りの友人や、先輩、上司、同僚、恋人などから、あなたに何か、忠告の言葉をかけられたなら、反発の感情に、ちょっとブレーキをかけてみてください。

言われてから、少し時間をおいて冷静に受けとめてみると、「なるほど！」とうなずけることが結構あるものです。

同じ注意、忠告を受けるにしても、穏やかに理屈で伝えられると、意外に素直に受けとめられることがあります。


しかし、そういう愛ある忠告者ばかりではないのが現実です。

注意する者は、注意を受ける者に対して苛立ちがあったり、立腹しているこ

とが多いので、口調もそれらしくなっています。
ほとんどの人は、そこで、言われた内容よりも、言った相手に対する感情や、どういう場合に、どんな場所で、どのように言われたかのほうが強く残るものです。

そこで、賢いあなたなら、ちょっと立ち止まっていただきたいのです。瞬間が無理ならほんの数分間後にでも。
誰も何も言ってくれなくなったら、と考えたことがありますか？　ほとんどのことに、気付かないあなたで終わってしまうのでは……。そこには、成長もありません。

人は、耳に入る言葉でハッと気付き、気付いて改め、歩み出すところに成長があります。「誰に言われたか」ではなく、「何をどのように注意されたか」に、想いを向けてください。

この際、言った相手の言葉はどこかに置いておきましょう。言われた内容を、一人静かに眺めてください。きっと、何かに気付くはずです。

注意や、忠告を受けて、瞬間、素直になることができる人のほうが少ないかもしれません。それは、それでいいと思います。時間を経て、気付くことがあれば、それでいいのです。

人からの注意、忠告は、大宇宙の示唆そのものです。

ワンポイントアドバイス

言った相手に悪感情を持つより、
言われた自分に気付ければしめたもの。

2 全ては大宇宙からの示唆〈その2〉

最近、子どもが二人共大学に入学し、新たな就職で他県に引っ越しホッとしているN子さん女性（50代前半）です。

久々に仕事を始めて、なかなか感覚がつかめない右往左往の日々でもあります。

この一年あまり、そんな彼女を見ていて、その変わり様に目を見張るものがあります。

以前は、日々顔を会わせるのは夫と子どもだけで、家の中で悶々とした生活が続いていたせいか、少々覇気のなさを感じるN子さんでした。

その彼女が、近頃、日に日に明るく活き活きとしてきています。過去、曇りを感じていた目に、すがすがしさを感じます。


彼女と話をしていると、次のような言葉が出てきます。

「先輩の○○さんに、こういうことを指摘されたんですが、勉強になります」

「お客様から、こういう苦情があったんですが、私にもっと学びなさいってことなんだと気付きました」

出てくる言葉が、ほとんど前向きです。人から言われたことを、客観的に捉えることのできる習慣を身に付けていることに驚かされます。

社会復帰してまる一年、本来ならば愚痴ダラダラでもおかしくないはずの彼女の目が、優しくなっている理由が分かりました。

時には、落ち込むこともあるけれど、そのあと瞬間「人が言ってくれることに感謝していこう」と、徐々にではありましたが、自然体で思えるようになったと言います。

職場の先輩は、ほとんどが自分より年下のようです。それなのに、本当に前向きな人には素直な人が多いものです。自分に起きたマイナスの現象や、きつくかけられた年下の言葉すら謙虚に受けとめ、それらから何かを感じとろうとしている姿勢は、素晴らしいものです。


私自身、彼女には大きく学ばされました。

このような心の在り様は、常に人として向上していこうとするのに不可欠な要素と言えます。

彼女いわく「50代なんだからこそ、いろいろ考え方も深くなれているのか、学習の日々。自分調整をしながら前向きに切り替えています」とのこと。

それが、もし周りからの言葉に左右され、嫌悪だけを持つN子さんであれば、あのように、すがすがしさを感じさせる女性にはなっていないはずです。

彼女からは清らかな高い波動を感じます。

人は皆、捉え方、考え方すらその人の姿、表情に映し出されます。

その人の『内面』は、正直です。外に表れます。と、同時に彼女の周囲が自然と変化し始めているようです。

つまりは自らの変わり様で周りが変化するという、Nさんに同調するように外からの変化が現れてきているのです。

これには私も脱帽です。

『全ては、大宇宙からの示唆』

あなたもN子さんのように捉え方の訓練、してみませんか？

ワンポイントアドバイス

気付きを与えてくれて「ありがとう」
苦言に触れて「ありがとう」
時を経て感謝できれば
周り（人間関係）は自然に変わりくる。

3

自立をしたいあなた（親子）へ

誰しも、いつかは親もとを離れ、独りで暮らしたいという時期が来ます。それは、人として、とても自然なこと。

野生のカンガルーは、ヨチヨチ歩きができる頃には、母親のおなかの袋の中を、出たり入ったりを繰り返し行います。しっかり歩けるようになると、母親は袋から出た子を二度と袋の中に入れなくなります。そして、ある程度、大きくなるまで、母は子を見守りながら、共に生活を送ります。

やがて、わが子が独り立ちできるようになると、自然に母と子は、離ればなれになります。母親が、どんどん進んでも、子はあと追いをしなくなります。あるいは、子のほうが走り去ろうとしても、母カンガルーは追いかけるでもなく、ごく当たり前のような、自然な親子の別れを迎えます。

自立したカンガルーの子は、大人となり、自らパートナーを選びます。誰から教えられるでもなく、子をもうけ、親と同じような道を独りでに歩んでいます。

このように、カンガルーに限らず、ほとんどの動物から、ごく自然な形で自立していく姿を学ぶことができます。

本来は人も同じように、ある時期になると子離れ、親離れがあり、自然に流れるように自律でき、自立していくはずなのですが……。

それが、うまくできない親子関係も多いようです。

親のほうは、わが子はいくつになっても「子ども」と思い、子のほうは、

「親には頼って当たり前」という、おかしな考えを持った人も少なくありません。双方が束縛したり、どっぷり頼る間柄は、人として互いに成長しにくいもの。あなたが、もし、そのような環境におかれているならば、あなたの心の中の奥底に、耳を澄ましてみてほしいのです。

「これでいいのかな?」と聞こえてきませんか?　そして、『自立』することをよし、とする声が聞こえてくるはずです。「一日も早く、一人になりたい!」「親もとから離れ、強く生きていきたい!」、あるいは「一日でも早く子離れしたい」というように……。

そんな場合、その声に忠実になることが大事です。

子は両親の身近な庇護から離れ、本格的な自立をスタートさせることです。両親のもとを離れるといっても、カンガルーの親子のように、一生会えないというわけではないのですから……。

無論、時々なされる、親との交流は大切なことです。あなたがその当事者で迷っているのなら精神的に自立するためにもまず経済の面を、双方が自分の力で確立させることが要となります。それが、まず『自立』のスタートになります。

例えば、子のほうが部屋だけ別に借りて、家賃を親が出してやるようでは、これは『自立』とは言えません。衣食住全般にわたり、自分の力で、責任を持って生きていくのです。それができたときには、不思議に「私にもできるんだ！」と自信が湧いてきます。その自信は生きていく勇気にもつながります。

あなたの中に、少しでも「自立したい！」という気持ちがあれば、それは必ず実現します。少ない給与の中から、当初は不安もあるやもしれません。

しかし、人間、やれば何とかできるものです。物やお金が足りないときは、知恵も出てきます。友人どうしの助け合いも生まれてきます。

5人家族の中で生活するI子さん（女性40代前半）さんは、一人住まいがしたくてたまりません。家を借りるために、せっせと預金もしているようです。でも、「給料も安いから」と不安の虫も見え隠れしてきます。両親は、彼女の一人住まいには反対だとか。長年親を押し切れないI子さんです。

どうもご両親としては、我が娘が40歳になっても独身なのが心配らしく、独立させるのは「見合いでもさせて結婚して家を出したい」という魂胆《こんたん》があるようです。底のほうには不安だらけで、存在そのものに頼り切っている双方があるのです。

このような方々には、もっと家族それぞれが自身の生活を楽しんでいただきたいですね。人生は考えようではホントにシンプルです。

自分が歓ぶ日々を過ごしていると、子のことや親のことなど気にならなくなりますよ。自分の世界を楽しみ尽くすことで、いつの間にか心配なぞ吹き飛んでしまっています。

自分や家族を互いに縛らないでほしいですね。それぞれがもっと自分らしくイキイキと伸び伸びと好きなように楽しく過ごしていただきたいと切に思うものです。

ワンポイントアドバイス

あなたの「自立したい！」という内なる声に正直に。

4 あなたの時間、一寸誰かにおすそわけ

人間とは、文字からして人と人との間に存在するという意味にもとれます。よって、互いが助け合う意味で人から何かしていただくこともあれば、こちらから誰かに何かをしてあげることも可能です。

現代は、『心の時代』と言われながらも、疎外感をもって生きている人が多い世の中でもあります。このような時代だからこそ、邪魔にならない範囲で接点のある人の力になることが必要なのです。

共に食事をしたり話を聞いてあげることも、心のよりどころになります。時

には、相手の行動範囲に入ることで自分自身の中にも広がりを増していくことになります。

人によっては、自分の人生は自分のものだから自分の好きなように動き、好きなことだけしかしないという人もいます。それはそれで、その人の生き方ですから、おすそわけを強要するわけにはいきません。

ここでいう意味は、生活の全てを人に合わせるという意味では決してありません。『心にゆとりや余裕がある人』は、近づいてくる『そうではない人』に、人として何かのお手伝いをする寛容さがほしいということです。

実は、そのような人が近づいてくる事実に、とても意味があったりします。

その時あなたが「あ、この人と話がしたいな」、あるいは「何か話を聞いてあげたいな?」などと思うことがあります。

このような場合、あなたの出番が必要なことが意外にあるからです。

もし相手が何かを求め、それに気付いたあなたが手助けをすることで、その人に生きる勇気が出てきたならば、とても素敵で素晴らしいことだと思いませんか？

私の知るU子さん（女性50代）もさりげなくそれができる心豊かな人です。自宅兼職場である彼女の住まいには、よく人が訪れます。

彼女の上階に住む中学1年生の女の子が時々家にやってきては夕食を共にし、女の子の話を聞いてあげているようです。その子は、両親共仕事で留守がちなため、親との時間に乏しく、U子さんがよき相談相手になっているというわけです。

また、仕事で出会った、身体に障害を持つ男性の職場での悩みを聞いてあげることもしばしば……。あるいは、U子さんの娘の友人の仕事を探してあげるなど。彼女は忙しく、楽しく、有意義に時を過ごしています。

あなたができることを、できるときに、できるだけ……。ものと同じで、『時』もおすそわけできるのです。

「自分のことだけで精いっぱい！」という疎外感のある今の世の中で、このような人がいるとホッとしますよね。

ワンポイントアドバイス

時間も使い方でさらに活きてくる。
おせっかいもことと次第で活かせることに。

5 あなたの表情は大丈夫？
――人生が好転しない表情とは

一見、能面のような表情の人がいます。怒っているわけでもなさそうですが……。

喜怒哀楽を表情であまり表せない人がいます。そのような人には、何となく近付き難さを感じます。

表情は、その人の雰囲気が一番感じ取りやすいところでもあり、とても重要です。

以前、そのような女性に会いました。

私達夫婦が主催する忘年会に、ある女性が友人として連れてきたC子さん女性（40代前半）です。とても物静かで、おしとやかさを感じるC子さん。ですが、催し物の際中、ほとんどの人が笑いころげるような場面のときも彼女だけは無表情にさえ見えます。歓んでいる様子が窺えません。

「今日の会、楽しめていないのかな？」と気になった私は、老婆心ながら彼女を連れてきた女性にそれとなく尋ねてみました。

すると、C子さんは家では母親とぶつかり、職場に行くと上司とうまくいかず、彼とも別れて2年ぐらい。よって、笑うことも少なく、何となく面白くない人生を送っている彼女の様子が分かりました。

なにげない表情とは恐いもので、その人の生活ぶりが反映されます。

よく『人相』で運勢は決まるという人もいますが、私は人相は意識する表情の在り様や、生活ぶりで変わってくると思っています。つまり、運勢すら自分の意識の変化で、変えることができるということなのです。

ちなみに、私は過去「目蓋が一重に近いので、愛情運に欠ける」などと言われたことがありますが、何のその、夫の愛情にも恵まれ（のろけるようですみません）、気のあう友人達にも恵まれています。

『運』などというのは、自らぐいぐい良いものを引き寄せることなのです。どうも、そのようなことに気付かないまま同じ状態の繰り返しの日々を送っているC子さんのようです。

しかし、人は何かを前向きに気付き、強くそれを意識し、行動に移し始めるとパーッと何かが変わり始めることがあります。それは周囲の人の変化であったり、取り組んでいる仕事に何かの進展性があったり……。つまり、身近なことに好転的な現象が生じ始めるということです。

時に、次々と、芋づる式によいことが、起こり始めることがあります。まさに、これはプラスがプラスを呼ぶ（生む）共鳴現象と言ってもいいでしょう。

その場合、本人の心の状態も嬉しくなるので、顔がほころび自然と豊かな表情が出てくるのです。これが、本来の『笑顔』と言えます。

一見、ニコニコしているようだけれど、何とも作り笑いのような人がいます。それは、心の底から歓んでいる状態ではないからと言えます。その人の人生が、相対的に歓べる状態であれば、自然な笑みが出ているものです。

また、『笑う門には福来たる』という諺がありますが、まさに『笑み』（プラスの表情）は『幸福』（プラスの状態）を引き寄せることになるのです。

先の能面のようなC子さんだと、益々周りの人間関係が悪化するばかりか、今のままの状態を続けるだけの人生になってしまうでしょう。そのことに、早く気付かねばなりません。

『顔』は、自分の鏡で見ているときより、人様から見られている時間のほうが長いことは言うまでもありません。ということは「人様が見るための私の顔」

と言ってもいいのです。まさに、人のための「私の顔」（表情）なのです。

少しでも他人様に無愛想な表情を見せると、相手を不愉快にさせてしまいます。これは、とても失礼なことだと気付く必要があります。


そのことに気付いたならば、早速豊かな表情の自分に変身することです。自然な笑顔ができないならば、まずは笑顔の『形』から入ることも十分可能です。そのためには、顔全体が見える少し大きめの鏡を準備します。そして、鏡の中の自分の笑顔とご対面です。

まずは、鏡の中の自らに微笑み、その表情の皮膚感覚を覚えてください（唇が両サイド上方にキュッと引っ張られているなど）。そして、常に人と接するときに、その皮膚感覚で覚えた笑顔を表現していただきたいと思います。

何度も何度も繰り返し、自然に笑みが出てくるまで鏡の中の自分に、微笑みかけ続けてください。

能面のような表情では、決して人生は拓かれません。喜怒哀楽を自然に表すことのできる人生を送りましょう。

そのためにも、今の自分が、何かに気付くことからです。

〈笑顔の訓練〉

- 鏡の中の自分に向かいます。
- 一寸首をかしげて、
- 「ハッピー」と声に出して言ってみます。

ワンポイントアドバイス

表情でも変わるあなたの人生。

6 疲れた心身は叫んでいる
――心身が疲れていたら

休日は、次の日から一週間どのように過ごせるかが決まる、とても大事な日です。疲れた身体と、いろんな人間関係や仕事で酷使した神経を、休めなくてはならない日です。極力、週に一度は心も身体もゆるゆるにして楽しくさせるか癒してあげましょう。有給休暇も有効に使えます。

身体の疲れを取るためには、横になることも必要ですが、大自然（海・山・川・滝・湖など）に接することをお勧めします。自然から発する気（エネルギー）を吸収することにより、身体は確実にリフレッシュできます。目の前にパーッと広がる大海や穏やかな湖面を眺めながら、頭の中を空にすることで心はとても落ち着きます。

いつも何かにせかされ、忙しく日々を過ごしている人程、そのようにリラックスできるひとときを取ることが急務です。なぜならば、常に頭の中が満杯に近い状態だと、より良く生きるためのヒントや知恵が湧いてきにくくなるからです。

時には頭の中を空の状態にすることにより、あなたにとっていろいろと必要な事柄が入ってきやすくなります。「こうしたほうがいい」「ああしたほうがいい」「こんな風にやってみよう」などと……。

よりよい仕事人生や、イキイキとしたプライベートタイムを送りたいあなたなら、週に一度の心身の自分癒しを心掛けることが賢明ですね。やる気も出てきます。

身体は大宇宙（創造主）から与えられた大切なもの。物でも使い過ぎると、早く駄目になってしまいます。身体も同じです。休息を与えながら長持ちさせてあげましょう。身体を休めることで心も癒されます。身体をリフレッシュさせることで、心も活性化してきます。

私はカンレキを通過した今、毎日必ず昼寝をします。今日もエネルギーの充電をしてからこの原稿に向かっています。

例えば、思いついたら夫や友人の車で、夏場は海へと走り、足を海水につけたり、深呼吸で心身を癒します。山での森林浴も心地よさを感じます。活き返ります。

こうやって心と身体のバランスをうまく取りながら、新鮮さを保っていくことでモノゴトもうまく進み、人生を2倍も3倍も楽しくさせる秘訣にもなるのです。

特にあなたが40代以上ならば心身の示す信号に敏感になってくださいね。心身は常にいろんなサインを送っていることをお忘れなく。

ワンポイントアドバイス

心や身体の状態に素直になること。
それはよりよき人生を生きるため。

7 自己表現はあなたを表出

《仕事編》6項では、「セルフイメージで自分力アップ」について述べていました。

あなたそのものを第一印象で感じていただくためには、まずは自分を意識することが、どんなに大事かということ。他人様は、あなたを瞬時に見て、あなたのイメージを決めてしまうことなどについて触れました。

今回は、さらに少し深く、人はあなたのことを知るためにどんな所に意識が行き、あなたの判断材料のためにあなたの何を見ているかなどについて触れてみたいと思います。

どんなふうに見られても平気！　という人は、ここの項はスルーしてください。


まず、表情や歩き方についてですが、自分のそのようなことに対しては意外に意識が向いていないものです。

例えば、何気に道を歩いている場合ですが、あなたはどのような表情でしょうか？

歩き方はいかがですか？

下を向いていますか？

真っすぐ前を向いていますか？

キョロキョロ周りを見ながらの動きでしょうか？


その瞬間もあなたは無意識に自分を表現し、その姿を見た人はその瞬間のあなたをイメージ付けてしまいます。

下を向いての歩きは暗さを感じ、真っすぐな前向き姿勢は目的に向かって生きている凛々しさを感じさせます。あるいは、キョロキョロやラッコ歩きは、落ち着きがなさそうで倦怠感《けんたい》すら覚えます。

歩き方一つとっても、重要ですね。


ある日、私の友人Aさんが共通の知り合いであるBさんの歩いている様子を遠巻きに見て、「会社がうまく行っていないのでは」と、心配の電話をかけてきたことがありました。

姿勢は正直です。

やはりその後、Bさんの経営状態が思わしくないことが分かったのです。

いつ会っても元気そうなBさんですが、何気に無意識に歩いている様子は、本来のその時の様子で一目瞭然だったのです。

その頃から私自身、「歩いているときも誰から見られているか分からない。気を抜くのは禁物」と思うようになったのです。ましてや、印象が第一の仕事の世界に位置する自分なら、歩き方、立ち姿すら重要なポイントだと強く感じたものです。

そんなBさんのことを思い出す度に、「さり気ないワンシーンですら意識することは必要だ」と、他人事とは思えなかったのです。何気ない一瞬だからこそ、外ではグッドイメージを与えるきっかけにもなり、バッドイメージすら感じさせてしまう、ということになりますよね。

サッカーで有名な本田圭佑選手は、一歩外に出ると、近くのコンビニに行くときにも恰好良く決め、キリリとした表情で外からのイメージ力を保ったお洒落感を忘れないそうです。

「我、どこにいても本田なり」ということかもしれません。

現代風に表現すると、セルフブランディングといったところでしょうか。

本田圭佑選手のようなビッグブランディングは別としても、せめて自分の世界におけるセルフブランディングを外見からでもちょっと意識することは、誰にでもできるのではないでしょうか。

歩く場合は背筋を伸ばし、歩幅を広く歩くと自信あり気に見えますよね。目線もぼんやりではなく、キリリと前を見据えたり、話すときにはさり気ない笑みを浮かべると余裕も見えます。

そうしながら、あなたのメリハリの表情を強く意識します。

最初は意識しながらのやり方ですが、それが日々習慣になると、やっているのが普通の自分のパターンになるものです。

特に、年齢が高くなると顔のほうれい線もくっきり見えてくるので、その分口角への緊張感も重要です。ホントです（笑）。

私などカンレキを過ぎ、放っておくと下がりっ放しになるので、毎日鏡の前で口角を上げて笑顔の訓練をしています。口角がギュッと上がれば、不思議にほうれい線と笑顔の線が分かりにくいんです。興味ある方は、どうぞ鏡で試してくださいね。
自分表現の目線、表情、歩き方についてちょっとだけ触れてみました。

ワンポイントアドバイス

あなたの外見ビジュアルは人様へのサービス精神。
いついかなる時もあなたそのもの。
気抜けゆるりはT・P・Oを意識して。

8

人、皆「合わせ鏡」

――人、出会う人、ほとんどが「合わせ鏡」

あなたの周囲を見回すと、どんな人がいますか？
無愛想な人、無表情な人、ひきつった様な顔の人。
それとも、常にニコニコと、人を和ませてくれる人。
いろんな人がいますね。

その中でも、あなたが常に顔を合わせないといけない人がいますが、それが
あなた自身を知る判断基準と言ってもいいでしょう。

その人に接することで、あなたがとても不愉快になり、即、離れたくなるような人。でも、何故か仕事などで、離れることができない状況ができてしまう……。ありますよね、こんなことが。

これは、「その人」と「嫌だと思っているあなたの中」に、同じような嫌な部分が内在していることが意外にあると言えます。それに「気付きなさい、気付きなさい」ですね。あるいは、そのような彼（彼女）に出会ったとき、どのように上手く接していくことができるかを試されているといってもいいでしょう。

そのようなことに気付き、自分の修正（相手に対する想い方）にかかったとき、不思議に相手の表情や言動が変わり出したり、その人と会う機会がどんどん少なくなったりすることがあります。

生活の中で、嫌な人と濃い接点（会う機会）が多いのは、間違いなく自分の中に、何か気付かねばならないことがあるからです。相手は、自分の立派な合わせ鏡になっているのです。

その人との出会いで、自分の心の中が面白くなく、腐っているのであれば、その人の存在を、問題として捉えていることになります。


問題は自らが生んだ産物です。

問題は何かに気付かないと永遠についてまわります。

たとえ相手に非があっても、所詮、人は人を変えることはできません。問題を抱えているあなたが変わることで、相手に変化が現れるのです。

あなたにとって、相手が変わるまでには相当の期間を要する場合があります。それは必要なので、変化するまでのプロセスがあるのです。焦ることなく相手に対する自分の言動をチェックしたり、彼（彼女）の変わった良いイメージを描きながら、相手との関係修復に努めていくといいでしょう。

必ず、変化が現れます。

ホントに身近な人ほど、こちらの意識や想い方が変われば相手は変わっていきます。それもあなたが大きく成長するためにとても貴重なプロセスなのです。しかし、悲しいかなほとんどの人が、自分の人生のドラマに登場する全ての人物は、自らが招いた招待客であることに気が付きません。

生活の中で、ただ素通りしていく人もいますが、何かにつけ縁がある人は、その人と意識的に会っていなくても、人生の過程で意味があるから出会っているのです。自分にとって嫌な人であっても然りです。

人は、嫌な人はなるべく避けたいと思うものです。そして、ついにはその人の批判や、否定的な感情だけで終わりがちです。

ですが、そのような人との出会いを、どのように捉えるかで、あなたの人生は大きく変わってきます。「嫌い」という感情は、そっと抱きしめたままで良いではありませんか。その人のことを一寸だけ違った角度から見てみるのです。

長い人生、数多くの人との出会いがありますが、出会った人を表面だけで見るのは良くないことに気付くことがあります。接し方によっては、意外な一面が見えてきたりして。そのような人との出会いで気付きましょう。その人の存在が、あなたに何を言わんとしているかを……。

しょっちゅう出会う人や、接点の濃い人とは幾度も言うように、何らかの必然性があるものです。あなたを磨く良い材料でもあります。

「人は、皆合わせ鏡」です。今、あなたの周りには、どんな表情の人がいますか？

柔和な表情の人がほとんどなら、それは今のあなた自身のソフトな中身の現れです。でも、反対に眉のつり上がったようなきつい表情の人が大半の人的環境ならば何かのサインかもしれませんね……。

自分の中身を変えていく必要があるか、「もうこの環境違うな？」と思えばあなたのランクアップのための環境チェンジの時なのかも。

人の『鏡』は正直です。

ワンポイントアドバイス

あなたの周りにどのような人が多いか。
それが「今のあなた」の判断基準。

9 等身大で話していますか？

話をしていても、何だかこちらに伝わってこない人がいます。コトバをうまくならべて話しているのですが、ハートが伝わってこないと言ってもいいのかもしれません。

そんな人は、いつも自分をよく見せようとしています。自信のない中身の薄い自分を何とかカバーしようと必死です。話す内容をよく聞くと、本来の自分の考えでないことが見えてくることがあります。何かの受け売りのようです。

しかし、ほとんどそのような人はそれとは気付いていないものです。20代や30代であれば「若さゆえ!」で流されますが、40代、50代になるとそうはいきません。人としての質が問われるようになります。

そのような人は、今までの人生で内面の磨きも少なく、いろいろなことに気付くこともなく歩んできたのでしょう。人の考えや何らかの法則的なことを、あたかも自らの考えのように表現する自分の希薄さに気付いてほしいものです。

そのような自分を認め、素直に等身大で話をする癖をつけることが大事です。コトバをきれいにならべて話すことに気を向けて話すのではなく、心の底から出てくる想いを率直に口から出すことです。

どのようなときに、誰と話すかで話し方はもちろん異なります。しかし、話すときのその人の醸し出す雰囲気は、どのような場合も一貫したものを感じさせてしまうものです。

また、話題の本に目を通しただけで、あたかもその内容に精通しているように錯覚をおこすタイプも困りものです。職場の仲間や友人達に、そのことを声高に話しても、周りは結構心の中では「また始まった！」とニヤリとしているだけのはず。


「能ある鷹は爪を隠す」と言います。

あなたの得た本の世界での財《たから》ものは、イザというときに使いましょう。あちこちでそれを出すと、安っぽいタダの『モノ』になってしまいます。話をするときは決して背伸びをせず、感じることや思うことを素直に、自分なりのコトバで表せばよいのです。無論、話し方は年齢を経ることで成長が見えねばなりません。かと言って流暢《りゅうちょう》に表現することが、相手に伝わるとは限りません。

よって『人に伝わる話し方』とは、分かりやすいコトバを選ぶことと、自分自身の本来の考え方をしっかり保ちながら話すことが肝要です。

「口を開くと、その人が分かる」とも言いますが、「話す」ことは「人生の現れ」と言えるかもしれません。話す瞬間にあなたそのものが、あなたの人生が、その「コトバ」に「内容」に乗っているのです。

よって、私はどのような『生き方』をしてきた、と説明しなくてもある程度分かってしまうというものです。

大人として、コトバを数多く知っていたり、知識が豊富だったりすることに越したことはありません。しかし、まずは相手に分かりやすく、飾らずに自分なりの表現で、ということが先決です。

難しいコトバ遣いや何かの受け売りは、かえってあなたを低く見せてしまうことになりかねませんのでご用心！　です。

ワンポイントアドバイス

「口を開くとその人が分かる！」という。開きすぎは墓穴を掘ることにも。

10

想いの波動は、お相手にすぐ届く 身近な相手の変化

――【想い】【イメージ】【祈り】は効果的

私達は日々人と接しています。嫌な人であっても、仕事上なら顔を合わせます。家族だって、気の合わない兄弟や親子の場合ですら一緒に住む期間がありす。もしかすると、人によっては、毎日楽しく平和に暮らしている時間のほうが短いのかもしれません。

それは、私の毎月行っている宇宙脳セミナーでも、とってもよく分かるのです。

お話を聞くと、皆さん一生懸命に生きています、仕事に取り組んでいます。セミナーを受講なさる方は、皆さん前向きな方が多いと言えます。でも、人との関係で苦しんだりつらくなったり、挙句の果てには身体を悪くしてしまう人までいるのです。

どうしても、その職場や家庭にいるのがつらければ、離れるのが一番なのですが、その前に何かをやってみることにも価値があると思うのです。

例えば、「どうしてこの場に自分がいて、こんな人とこんなに長い時間一緒にいるんだろうか」と考えることもいいかもしれません。

あるいは、「嫌だ」というのは理由なくそう感じることもありますが、少し距離を置いてお相手を見てみると、その方の基本的な考え方や立場の違いや、はたまた性の違いであったりすることもあります。

その渦の中にいるので、本来の相手が見えないのかもしれないのです。

女性Aさんは、しょっちゅう電話をかけてくる母親が嫌になっていました。用もないのに、仕事中にお構いなくかけてくるらしいのです。

一緒に住んでいる訳でもないのに、彼女は母親が鬱陶《うっとう》しくなり始めていました。そんな母親を恨めしく思ったり、嫌になったりの日々です。

そのようなAさんの想いの波動は、お相手にすぐ届きます。電話に出た瞬間、喧嘩の連続だったそうです。でも、それを続けていても双方の関係は悪化するばかり。

ある日、Aさんは気付きました。母親の現在の状況や心境を考えると、一人暮らしの淋しさや退屈な毎日を感じ取れるようになったのです。

それからAさんは、次のようなことを実行しました。

1. 今、日々の仕事がとっても忙しくて、寝る時間を確保するのがやっとだということを母親に正直に話すこと

2.　母親に、定期的にAさん自ら電話をかけてあげること
3.　母親への祈りやイメージを毎日送ること。それは、母親自身が何かやりたいことを見つけたり、人と出会って自らの楽しみを持つことなど

以上のことを、繰り返し、繰り返しやることで、母親に変化が現れてきたのです。

電話をかけてくる回数が減ったり、たまに母親のもとに帰ると笑顔が増えたなど、Aさんの心の負担は随分軽くなったようです。

まさに、Aさんが想い方や接し方を変え、繰り返し続けた結果だと言えると思います。「相手を変えようなどと思えば逆効果」ということがしっかり分かったようです。

素晴らしいAさんの体験です。

「長期間、長時間縁するお相手はほとんど、あなたの変化が必要なお相手」で

あることがよくお分かりいただける例だと思います。

※家族や職場の方の雰囲気が変化したケースはたくさんありますが、紙面では書き尽くせません。私のブログでもいろんな体験談を載せたりYouTube（『チテルとSEIKOの人生ナビ』）で紹介していますので、どうぞ覗いてみてください。

ワンポイントアドバイス

相手を変えるのではない！
自らの変化で変わるお相手そのもの。
必ず届く意識や想い。

11 好循環は自ら作る
――相手を覗き、自らを俯瞰《ふかん》 相手は自分の写し鏡

嫌な相手に対して、あなたはどのような気持ちになっていますか？

同じ屋根の下に四六時中一緒にいると、人と人との摩擦は必ず起きるものです。職場に限らず家族にだって言えることだと思います。

考え方が合わない、言いたいことが伝わらない、分かってもらえない、ストレスだらけの日々。そんなことを望んでいなかったのに、いつの間にか負のスパイラルだらけになっています。

でも、ちょっとだけ考えてみてください。

そんな職場を選んだのは自分だし、そんなお相手と出会ったのは自分なのですよね。そこで、今のあなたやお相手の中をそーっと覗いてみるのです。

たった今、上司にムカついているあなたがいるとします。

「何で彼は自分に対して文句みたいな口調で話すんだろう、偉そうに」

あるいは嫌な先輩に悩んでいるあなたがいます。

「何で先輩は私にばかり冷たいんだろう」

心の中は負のかたまり状態になっていますよね。すると、また同じような現象を引き起こすことに。まさに蟻地獄。


その状態では、自分を客観視などできないかもしれません。

なので、ちょっと時間をおいて、ゆるりとした状態を作るようにしてみます。

それから、その時の自分やお相手の気持ちを、少し覗いて感じてみるのです。

例えばA子さんのティータイムでの独り言。

「あの時の私って、とても我慢できなかったわ。課長はあそこまで言わなくてもいいのよね。ちょっとひどい口調だったわ。だから私我慢できなかったの。だから口ごたえもしちゃった。でも、もしかすると、課長は今月売上が低いから会議で絞られたのかもしれないなぁ。あるいは家庭で奥さんとうまくいっていないのかも。きっとイライラしていたんだわ。そう思うとなんだか気が楽になったわ。そうだ、今度課長としっかり話をする時間を作ってみよう」


B子さんのオフタイムでの独り言。

「あー、また先輩に盾突《たてつ》いてしまった。でも仕方がない。先輩の私に対する態度が冷たいんだから。あっ、待てよ、先輩は私の仕事がとろいから面白くないのかなぁ。私、少しスローテンポだからイラついてるのかも。先輩を、私は避けようとしてるしなぁ。そうだ、明日先輩に昼休みに一緒に食事に出かけないか聞いてみよう」

などと相手を覗いたり、自らを俯瞰することで、少しずつ気付きがあったりするものです。すると、あれっ不思議、イライラしているときには到底感じ得なかった良い感情が双方に湧き出てきたりして。

しかし、それでも良い人間関係として進展しないなら、「今の仕事、辞めたくないし、まぁいいか。○○さんの態度に影響されなければいいんだから。いつか○○さんとも、もっとじっくり話す時間を取ってもらおう。今は流そう。私は私で、仕事が終われば楽しくやろう」

という具合に自分を認め、相手も許し、いつかは本音で語れる場作りを狙うのも一つの手段です。そして最も大事なのは自分自身のご機嫌をそこなわないこと。

とても賢いA子さん、B子さんですよね。

でも、人によっては職場を辞めたり、離反の連続のままだったり、いずれの選択も自由です。相手を変えることは決してできないのですから。

忘れてならないのは、あなたがいつまでも愚痴や繰り言のままだと、人生に良い変化は望めないということになります。いずれも、それに応じた結果が出るのみです。

現在起きることを全て肯定し、前向きに何かの動きを始めると、必ず何がしかの循環が始まります。今、すぐに結果が現れなくても、繰り返し、繰り返し続けることで。それが嫌な場合は、その環境から脱することです。

ですが、そのような出来事に直面する自らの在り様に気付かなければ、どこに行ってもまた同様なことが起こり得ます。

まさに、身近なお相手は自分の写し鏡ですね。

ワンポイントアドバイス

人生が変わるのは捉え方、想い方、
考え方をちょっとだけ変えるのみ。
「人的環境に変化有り」は全て「自分次第」

12

乗り越えられる試練しかやってこない

人は楽しさや歓びの他につらさ、苦しさも経験します。いろんな体験をして気付きがあり、器も大きくなります。器を大きくするために、様々な試練に遭遇するコトもあります。「これで気付くか！」「これでもか！」という具合に。

一つの試練をクリアすると、次なる段階へ進むための出来事が用意されています。もし、目の前に迫るお試しを乗り越えることもなくそれから逃げると、同様な出来事が待ち構えています。あるいは、怒涛となって押し寄せてきます。よって、宇宙の果てまで逃げても逃げ切れないようになっているのです。これが大宇宙の『愛』と言ってもいいでしょう。全ては私達が少しずつ大きくなるためなのです。

あなたの中に潜んでいる素晴らしい叡智《えいち》と力で、逞しく難に立ち向かえるあなたになるために……。

私も過去数えきれないほどの困難な出来事に遭遇しましたが、そのたびに出会った方々の存在にヘルプを求め、本当に助け舟を出していただいたことを思いだしますよ。

このように一人でできないことなら、信頼のおける人に助けを求めることもいいかもしれません。人は助けたり、助けられたりなのです。

それに、あなたが乗り越えられない試練は、決してやってきません。乗り越えたときの、すがすがしさを実感してみると良いですね。それは必ず良い体験となります。

他の項でも述べましたが、体験で得たものは、今度はそれが人のために役に立つ時がきます。体験とは、どんなにつらく苦しかった出来事でも全てが財物です。その財物を人のために使うこともできます。必ずその時がやってきます。

あなた自身の体験も、実は人のためにしてきたと言っても過言ではありません。

あなたの過去の体験は、自分と同様な境遇を、今、味わっている人に対し、それをもとに話してあげたり、勇気づけたり、励ましたりすることによって、生きる原動力を与えてあげることができます。あるいは本やブログやYouTubeへの表現で。

昔に比べ現代は、様々なメッセージを思いっきり流せる素晴らしい時代になりましたよ。20年前には想像できなかった時代です。ここであなたのどんなにマイナスであった体験も、一挙にプラスに転じてしまいます。

どのような問題からも決して逃げないでください。生きる価値（意味）が半減します。

全ての人に想像すらできない強いあなた（サムシング・グレート）が奥の奥に潜んでいます。まるで大きな岩の中の天照大神のように……。

ワンポイントアドバイス

全ての難はあなたの「学び」
乗り越えたその時は見事レベルアップ！
あなたの中には自分も知らないデッカイ財宝が。

第四章　夢実現編

1

過去を悔いるより、これから先をどう生きるか

過去の自分を悔いたり、相手から言われたり、されたりしたことをいつまでも根に持ち、心の中がいつもモヤモヤとしている人がいます。

その間のあなたは、常に「負」の状態のままであることを知る必要があります。過去のことをいつまでも悔い、悩んでいても仕方がないことです。

人は、過去の苦い体験の中から何かに気付き、学んでいくものです。

過去に言葉や態度で傷付けられたあなたは、自分癒しの時間が最も大切です

し、傷付けられたことをずっと思う心の状態は、これからのあなたにとって生産的なことは何もないことを知る必要があります。一日も早く今の状態から脱するためにも、これからのあなたの人生を考えることが最も肝要です。

そのためにも、今、自分は何をしたいのか、これからどのように生きていきたいのか、マイドラマをしっかり書いてみることも一つの良い方法です。

あなたのこれから歩む道を少しずつ決めていくうちに、それに伴い行きたい所や会いたい人が出てくるはずです。

人は前に向かい始めると、欲していることやモノや環境に出会いやすくなっていきます。出会っていくうちに、いつの間にか過去へのこだわりも消えていき、希望に変化していきます。

何故かというと、人は一度に二つ以上のことを考えることはできません。希望的な内容（やりたいこと）が常に頭の中を占めていると、不必要なことは考えられなくなります。瞬間、余計なことが頭の中をよぎっても、次々にやりたいことが出てくると、そのことでいっぱいになり始めるからです。

A子さんは、一生を共にしたいと思っていた夫と、徐々に話が合わなくなり、生き方の食い違いが生じ、やむなく離婚することに。

離婚後、数か月は悲しみとつらさで、仕事以外は外出もままならない状態でした。

涙する日や陰鬱な日は続きました。

しかし、彼女は私の主催する「宇宙脳セミナー」に参加するなど、行動を起こすことで、「今のままではいけない」という自分に気付き始めたのです。

徐々にではありますが、前に進むことを決意したA子さんは、思い切っていろんな人に会い始めました。それから彼女の人生は変わり始めたのです。

昼間、会社勤めをしながら、空きの時間を活用して人脈を作り、少しずつやりたいビジネスを始めました。苦しみを乗り越え、それは良い体験に変わり、人間力が付いてきたように感じます。

人には決断や、過去を振り返らない温かな強さが必要なことがあるものです。それには苦渋の瞬間があるやもしれません。しかし、それに打ち勝った人のみが得られる幸せ感です。

今後も、A子さんは後ろを振り向かず、ただただ前を向いて、心に正直に動いていくことでしょう。もし、挫《くじ》けそうな自分が出てきたら一休み。あるいはそこでまたリセット。何でも繰り返し、繰り返しのなかで成長していくものです。

焦らず、倒れても跳ね上がる、あなたのペースでいいのです。

そんななかであなたなりの確固とした道を掴んでいけるのですから。

ワンポイントアドバイス

今、今、今で人生は変わりゆく。
過去は財産《たから》と思い未来を創りゆく。
全ては大河の如く流れゆく。

2
何かをしたいあなたへ
――やりたいことは年齢に関係なし

何かをしたいのに、何かを目指したいのに、何をやったらいいのかさっぱり分からない人がいます。いつも心の中は、モヤモヤと焦りや不安が渦巻いているだけ。

周囲に、ひたすら自分の道を歩いている人を見ると、うらやましい想いでいっぱいのようです。そのような人が、ただ悶々としているだけでは、何も見つかるはずがありません。

とりあえず、興味ある仕事をしながら、適正であるかどうかを見極めていくことも必要です。ただ、「あの仕事は高尚だけど、これはレベルが低そうだし」というような評価はよくありません。

その時、最もやりたくなった仕事に取り組みます。あなたの想いに正直になるのが肝要です。

その時点であなたに必要であれば、それをやるようになり、そうでなければ異なる方へと向きが変わるはずです。

今、その仕事に出会った必然性は分からないけれど、後の人生で「あ〜、そうだったのか。だからあの時、あんな仕事をしたのね」と思いだすことになります。

それに、過去を振り返り「やらなかった後悔」は、ずっと後を引くものがあります。「どうしてやらなかったんだろう……」という念は、いかんともし難いものがあるのです。

思ったときが吉日！

是非あなたの想いに正直に動いてほしいものです。先の心配より未来の希望を描くことが大事です。

それに自分自身の「時（タイミング）は、必ずある」ことを信じて、ワクワクしながら探すことです。「見つからなければどうしよう」など余計なことは振り払います！

かくいう私も数十年の昔に何かをめざしワクワクと動けば動くほど、人的環境や周りの空気が変わっていくのをまざまざと感じずにはいられなかった時期があったのですよ。

何かをやりたいと思うとき、まだ見ぬ世界であれば不安やとまどいが生じることがあるやもしれません。しかし、今後（令和以降）はやりたいコトがしっかり定まれば、益々加速度で急展開していくとも言われています。

世の中、時代の変化は著しいですよね。

私の場合、昭和の時代にして人生の変化を感じとれたくらいです。


21世紀の今、生き方も多様化し、やりたいことが思いっきりできて、希望が現実化する可能性だらけの時代となりました。

最初から何でも「自信」のカタマリでスタートするばかりではありません。

私達は完全なる神様でもありませんし……。


でも、身体をいただいている私達それぞれの中には「各自の神」が存在するのも事実です。その是非は別としてせっかく出てくる「希望」と「可能性」への見事なるチャレンジです。

年齢には関係なく、是非ポジティブにトライしていただきたいと願わずにはいられません。

ワンポイントアドバイス

令和以降は「我が願望達成の時代」の到来。
しかし、何もしなければ何も始まることはない！
とにかく、思いのままにやること動くこと。

3　想いが実現するには前提がある〈その1〉

あなたには、何かめざしていることがありますか？

何かやりたいことがありますか？

誰か（人生のパートナーなど）に出会いたいと思っていますか？

あなたのそんな願望は、全て叶うようになっています。たとえあなたが50代であろうが60代であろうが年齢には全く関係ありません。


私達人間は、よりよく生きるために生まれました。そしていろんな歓びを感じるために……。ですから、あなたがよりよく前向きに生きるための望みであれば、それは叶うようになっています。

それには、そのことを想像することも大事です。

あなたが、そうなったときの姿を、状況をリラックスタイムにイメージしてみてください。強く思い描いたら、あなたの中で、ストックしておきましょう。最もよいタイミングで、やりたいことができたり、会いたい人に会えるようになっています。

そうやって私も仕事に出会ったり、人生のパートナーに出会ったりしましたよ。夫との出会いなどのことは私の前著『40代からは、「わたしらしく」ふたりで生きる。』に詳しく述べています。

想いが実現するためには、あなたが常日頃から行うことがあります。

つまりは、想いが叶うための前提です。まず、

1．日々、ポジティブな思考でプラスのマインドを意識すること
2．自然体で感謝の想いになれる
3．全ての過程を川の流れのように受けとめる
4．基本的に「楽しい私」であること

このようなことを踏まえ、あなた自身の想い（直感）に素直になって動くことです。行きたい所へ出かけ、会いたい人に会い、やりたいことはやってみて、楽しくワクワクしながら生きることです。

人間ですから、途中、「本当にできるのかしら？」「はたして会えるのかな？」などと、よからぬ雑念も入ります。そんな時はそれを振り払いましょう。

「いやできる！」

「いや会える！」

あなたが、どれくらいのチャレンジ力や、持続力があるか、たびたびお試しがあるはずです。それが頭で考える、不安や恐れなどです。あるいは、いろいろなできごと（障害）です。

あなたには、それを乗り越えるだけの器があります。よって、それに応じた様々な難が起こるのです。達成できるから、願望も出てくるのです。現実として、実現できない望みは出てきません。

もし、その願望がはたせなかったとすれば、あなたにとって、他によりよき選択の道が、何かがあるはずです。このことを、決して忘れないでください。

リラックスタイムにあなたの心の中を問うてみて、

「やってみたい！」

「出会いたい！」

と、思うことがあれば、結果は出ているのも同じこと。

それから、先程述べましたが、楽しみながら歩むこと。決して眉間にしわを寄せながらではよくありません。それは『負』の状態を保つことになりますので、そのようなあなたでは遠まわりをしてしまいます。あるいは、肝心なことから遠ざかってしまいます。

随分昔、私のシングル時代の話です。シンプルなこんな体験をしましたよ。引っ越し先を探していた私は、物件をあれこれ見てまわっても、なかなか適当なものに出会えません。いいところが見つかったと思えば、当時シングルだった私は、3ルームの女性一人住まいは駄目だと断られる始末です。こんなことって、現代においては「え～っ」と不思議がられることかもしれませんよね。

ホントに古い時代の話です。

当時、シングルだった私は30代から仕事はフリーでやっていたので事務所兼住まいでの物件探しでした。アクセスのいい物件を探していましたが、なかなか見つかりません。条件もいくつか挙げていました。

十数件程見たところで、嫌になった私は、親しい友人についこぼしてしまいました。

「なかなか、見つからないのよね。不動産屋には嫌がられるし嫌になっちゃう！　私って引っ越すところあるのかしら？」

すると、元来、楽天的な友人は、

「楽しみながら探したら？　一件一件見学するつもりで見てまわれるから、目も肥えてくるんじゃない？」

彼女の言葉に素直になれた私は、それから、ルンルン気分で楽しみながら見てまわることにしたのです。

すると、そのあと、すぐ気に入る住まいが見つかったのです。まるで、魔法にでもかかったような一瞬でした。その時の友人の言葉が、神の声に聞こえましたよ。多分、私のイラつきエネルギーがルンルンエネルギーに変わったから事態が変化したのです。

その時のことは、数十年経た今でも、友人との間で語り種となっています。このことで、家を探すことですら、執着せずに楽しみながら探すことが、より早道だということを学習したのです。

要は、あなたが望むことを思いつつ、ワクワクしながら行動することが、願望を達成する最短距離だということです。あとは、ポジティブなあなたなら思いたったらすぐ動く、ということもつけ加えておきましょう。

せっかく、思いつくことがあったり、会いたい人の顔が浮かんでいるのに、動くのに腰が重い人がいます。行動力のない人は、なかなか結果も出てきません。

ポジティブな想いでの動きには、何らかの答えが潜んでいます。ただし、やみくもに動いてもよい結果は出にくいですね。

全ては、あなた次第なのです。早速、ルンルンで動きましょう。あきらめずに、ワクワク続けましょう。勇気をもって進んでください。

きっとあなたの望みは、叶います。

ワンポイントアドバイス

「～を目指したい」「～を達成したい」は全て実現可能。
その秘訣は、まずルンルンワクワクの自分であること。

4 想いが叶うルンルン生き方〈その2〉

頭を抱えるのではなく悩むのでもなく、ルンルンで想いが叶った二人の女性の話です。

❖医療関係に従事しているNさん女性（50歳代後半）は、一日も早く独立してフリーで仕事をしたいと一年前から決意をしていた模様で、つい最近長年勤めていた病院を辞めました。驚いたのは周囲の方々です。

「なぜ、定年まで働かないの？　退職金も随分違うのに。賞与もいいのに」

等々……。

しかし、それら周囲の言葉に屈しないNさんなのです。

Nさんには強固なまでに近未来に対する歓びの人生の設計図があったのです。

フリーになり、自由な時間を作り、やりたいことをやる！

そして、凄いのは、そのプランを歓びの人生の中で獲得していったのです。

仕事も人に会うのも大好き！

その過程で未来を夢見ながら人脈を次々にゲット！

いつ職場を辞めても大丈夫なように流れがついていったのです。

収入は定職のときより3分の2に減ったらしいのですが、その分、時間のゆとりができました。心身がさらにルンルンになったらしく、以前にも増してとても豊かな表情になったNさんです。

しかし、さらに凄いのは隙間の時間を使って臨時収入を得ることも。そんなNさんいわく、「悩んでいたらいつまでも前に進んでいなかったと思います。常に未来をワクワクしながらイメージして前に進むことのみでした」と。

特に令和以降はそんな時代のようです。自分の中から出てくるやりたいことに向かって、ただただ進むのみ！

50代後半には見えない気迫と楽しさに生きるNさんに拍手です。

❖ある会社で経理の仕事をしているTさん女性（50代前半）は、ここ数年大きな子宮筋腫を抱えていました。会うたびにお腹をポンポンと叩いています。またある持病も抱えて時々からだがつらそうでした。

私共夫婦の経営する店に来たときは、上司や職場同僚の愚痴が口から次々と……。

しかし昨年私主催のセミナーに参加したTさんは、少しずつ想い方が変わっていきました。

仕事も時間内にしっかりやることをやったら、もっと自らを解放し、休憩時間もゆったりしたり、こまめにお茶の時間をとるなど……。

あるいは帰宅してもテレビにくぎづけになるのではなく、身体がきつい場合は夕食後、わずかな時間横になったり、癒しの音楽を聴くなど、心身をどんどん緩めていったのです。

するといつの間にか落ち着いたり、すっきり感ある自分になれているのを感じていったとか。そうするうちに職場の人的環境が変わり始めたのです。

苦手なお局様らしき人の他部署への配置換えがあり、なんと嫌な上司の席もぐ～んと離れてしまったとのこと。「あれあれ……」と驚き始めたのはTさん自身です！

人的環境が良くなり始めると「あれあれ？　いつの間にかお腹にあったはずの子宮筋腫が消えた！」のです。

私の YouTube で公開しています『チチルとSEIKOの人生ナビ』トマトさんでゲストに。そのうちにTさんは職場の方の愚痴も言わなくなりました。愚痴を言っても何も前進しないということが分かり、言いたくなくなったということですよ（笑）。

Tさん本人の内面が変わったことで、全て周囲に変化が生じ出したのです。凄すぎる体験ですよね。

Nさんも Tさんも共通するのは基本的にポジティブ（前向き）に。そして、ルンルンのマインドで過ごしただけだと微笑みながら話してくれました。

皆さんもルンルン前向きで想いを叶えませんか？

ワンポイントアドバイス

想いを叶えるには頭をかかえず、「負」の想いを払拭し、ただ、ただ、歓びとルンルン生活の繰り返し。

5
必ず実現する強い想い

私の20代の頃の話です。またまた大昔の話です。

ほとんどの時間を、病弱な母親の看病に費やし、やりたいことができない時期がありました。自分の望む道をスイスイ進んでいる友人らを横目に、うらやましく思ったものです。

弟と二人姉弟の私は、長女として、家族の中でもつい頼られがち。休日も、自由な時間がほとんどありません。朝起きると、炊事、洗濯、掃除、買い物と主婦が行うような仕事が待ち構えています。

「どうして私だけが、こんなつらいめにあわないといけないんだろう。くやしいなぁ」と、一人で苦悩する状態が続きました。でも、不思議に一方では、心のどこからか「将来、独立して社員教育の仕事をやるんだ。できるに違いない！」という想いが、チラホラと、私を励ますように声をかけてきます。

この頃、睡眠時間も満足にとれない状態でしたが、昼間の仕事と、母の看病のかたわら、隙間の時間を利用し、必要な本だけは読むことを続けました。また24～28歳まで夜の大学へ通うことに。

私が30歳のとき、悲しくも母は亡くなりました。

母から解放された私は、長年勤めた会社を辞め、長崎から単身、福岡へと転居したのです。それからが、私の本格的な、やりたい仕事への道のりのスタートとなりました。

資金ゼロの状態から出発した私は、社員教育のコンサルタントとして独立するまで、いろいろなアルバイトをしました。販売員、事務員、広告代理店の電話アポイント業など。思いきって福岡へ出てきたものの、思うように道がつかめません。

当時、「全ては流れ（人生に必要な過程）」ということに気付かなかった私は、何故？　何故？　の連発で、不安と焦りの毎日でした。

何故、仕事のきっかけがつかめないの？

何故、チャンスが訪れないの？

何故、必要なブレーンに出会わないの？

などと、自分を責めるみじめな日々が続いたものです。

欲することや願いがあっても、心の中は『苦』の状態です。『苦』の状態からは、何も生まれません。『苦（マイナス）』は、『苦（マイナス）』を呼び、より良い状態や状況は、引き寄せにくくなります。

結果として、望んでいることとは逆のことをやっているのです。そんなことにも気付かない私でした。

そんなある日、ハッと気付かされる瞬間がありました。私より少し年上の女性との出会いでした。彼女も、私と同じような体験をして乗りこえてきた方です。そんな彼女から言われた言葉です。

「あなたね、もっと自分を楽しくさせたらどうなの？　もっと遊ばないと……。そしたら、いつの間にか、思うことは叶っていくわよ」

「えっ、楽しく遊ぶ？」と、私。

たったこれだけですが、私の耳には、とても斬新で衝撃的な言葉として残ったものです。

今までの人生で、耐えること、努力すること、頑張ることしか知らなかった私でしたが、「楽しみながら歩んで、人生を学ぶ」ことを知りました。

表現を変えると、心のゆとりを持つことでもあります。母の看病と、仕事をすることに、人生の重心を置いていた私は、いつの間にか、頑張ることだけが、人生のベースになっていたのです。

一人になった自分をもっと解放し、歓びながら思いのままに動くことに、少しずつ方向を変えていくことにしました。観たい映画を観に行き、会いたい人と食事をし、少しお金に余裕ができたときは、修学旅行以外めったにしたことのなかった（お恥ずかしい……）旅行も楽しみました。もちろん海外旅行も。

贅沢はしませんが、あまり我慢はしなくなりました。

人から歓んでいただける仕事をやりたいことには変わりないし、少々思うようにいかないことがあっても仕方ないわ、地団駄を踏んでも仕方ないし、楽しくしながら、前だけ向いて歩いてみようと、わずかずつ自然体で思えるようになりました。

楽しい心の状態はプラスです。心がプラス波動の状態であれば、そのスパイラルで、人、物、金も寄ってくることをハダで感じ始めた時期でもありました。

重ねて言いますが、プラスの状態は、いろんな面でプラスの状態や人を引き寄せます。

徐々にではありますが、そこから確実に私の人生が変わり始めたのは事実です。いつの間にか、仕事もやりたいものが入ってきたり、いい出会いも増えてきました。この状態の流れは、私の心の状態や、動きが変わり始めてから変化し出したのです。

確かに時間はかかりましたが、考えてみると、今現在〈ルンルン人生に気付いてから30数年後〉私の願っていたことは、ほとんど叶っています。

やりたい仕事に恵まれ、うまのあうパートナーに出会い、仕事と家事のバランスもまあまあうまくいっている。カンレキ過ぎてから夫と共に事業〈コミュニティ〉スタート。

これがもし、いろんなことがうまくいかないことに不満を持ったままの状態だけで、ルンルンと自分を楽しくさせながら生きることに気付かなかったならば『今の私』はあり得なかったと思っています。

以前、家が見つからなかったときの体験と、何ら変わりはありません。

想いが叶うために大切なことを、もう少々述べてみたいと思います。

あなたは、何かをやりたい焦りから、「〜しなければならない」と、義務的に（have to）でやってはいませんか？

一生懸命がむしゃらのみの、あるいは、仕方ないからとか、嫌々ながら会いたくもない人と会っていませんか？

それらは、本来のあなたの想いと反する動きです。あなたにとって、よい結果を招かない状態や人との出会いになってしまいます。すると、益々、想い（望み）から遠ざかってしまうことになります。


そのようなことに全く気付かなかった過去のある時期の私は、必死になって仕事の人脈を作ろうと行きたくもないパーティーに参加し、つまらない焦りで、がっかりして帰ったこともありました。あるいは、友人の強引な勧め（友人としては好意的だったのですが）で参加したお見合いパーティーで、めぼしい相手が一人もおらず、全く楽しくなかったり……。

随分、無駄な時間やお金を使ったものだと思い出すことがあります。

しかし、無駄なことをやってみないと、無駄と分からないこともあるので、少しぐらい体験するのもいいかもしれません。ある意味いい体験です。

あるいは、そのような状況ですら、「禍を転じて福と為す」ことのできる人は参加することも大いに結構でしょう。要はあなたが後悔しないことですね。

焦らないで。

とは言っても無理なこともあります。出席したくない会議にも出なくてはなりません。会いたくない上司ともいつも顔を合わせる日々です。

それはあなたが選んで入った仕事世界ですから、あなたにとっては必要な「学びの場」であり「学びの相手」でもあるのです。そのような状況や人との出会いこそ、あなたを磨く素晴らしい『財料』だと言えるのです。ですから、ビジネスシーンにおいては、考慮し臨機応変に行動しなくてはならないことは言うまでもありません。

これからも望むことを心の中で温めながら、ルンルンでより良く前向きに生きていくあなたであれば、今がどんなにつらくても、全ては思いのままに実現するようになっているのです。

焦らないで……。

ワンポイントアドバイス

夢実現のポイント
思うことに正直に動くこと。
「やらなかった後悔」をしない人生を。

6

やりたいことは夢実現ノートから

——書く（描く）、読む、語る

最近、身近な方で、やりたいことが実現可能になってきている方が増えてきています。それもやり方次第で、さらにスピードアップしてきている様子が窺えます。

それは、想いの中でそれを明確にするために、やりたいこと、実現したいことを書いたり、声に出して読んだり、話したい内容を友人に話すなど、つまり実現したいことをビジュアル化し、音声にし、自らの脳の中にどんどん入れ込んでいくのです。

そうすると、内在する自分は、思いっきり「やれる感」になり、それに必要な動きが生じてくるのです。電話をかける、メールをする、手紙を書く、必要な人に会って話したくなる、等々。今までにない、あなたの欲する動きが出てきます。黙ってはいられないあなたになってくるのです。それが楽しかったり嬉しくなったり。

ですから、まずは書くという作業をすることが大事なのです。

私の主催する宇宙脳セミナーでは、「夢実現ノート」を作っていただきます。夢を叶えるためにはいろんな方法がありますが、その中の方法の一つに「書く」という方法を紹介します。そうすることによって、自分の中に望んでいることが、さらに明確になってきます。中には、やっていることがあまりにも速いスピードで結果が現れ始め、どぎまぎなさっている方もいらっしゃるのです。

ある女性Aさん（40代）と、女性Bさん（50代）の夢実現ノートの活用体験です。

Aさんは、今まで仕事が忙しくて、「思うようにやりたいことができない」と愚痴っていましたが、彼女は時間ができることを希望的に想像し、「やりたいことがすでにできている」が如く、自分の近未来のことを夢実現ノートに書いていました。

この場合、書き方は自由なスタイルで大丈夫です。しかし、書くときの想いはとっても大事です。「必ずやる」と自分を信じながら書くのです。強く力むのではなく、しっかり決意をして、あとはリラックス、という感じでしょうか。

すると、書いた後、徐々に残業時間が減ってきて、その時間をプライベートタイムに使えるようになっている自分になり、Aさんはとっても驚いています。

Bさんは自分のやりたいことのために人と出会いたいのですが、思うように出会えません。彼女は出会いたい人について、夢実現ノートに望みの出会いの結果を書きました。

そうするうちに、実際に入ってきた情報を元に、行きたい場所へ出かけたのです。そこで見事に必要な出会いのチャンスを得ることができました。

このお二人は、意外に早く目先の結果が出た方々です。

まずは、「書けば自分の中に入力でき、実現できる」という目の前の結果を出せたのです。

それまでは彼女達も「やりたいなぁ、やってみようかなぁ」「でもやれるかなぁ」「どうして思うように進まないのかなぁ」などとじれったい自分がいたのです。しかし、ただシンプルに書くということをやってみて、その効果の絶大さに驚きを感じています。もちろん、必要があれば思ったように動いています。

このお二人は、近々出会いたい人や、生活に関しての願望ですが、もっと自分の欲する近未来の生き方や歩み方、つまりはこれからの人生についての夢実現が出てくれば、それは書いてもいいと思います。そこへ向かう些細なことの中には、いつしか全貌と共に叶うようになっているのです。

しかし、情報過多の今、世の中にはこのようなことを知っている方は数多くいるのですが、実践して答えを出している方はまだ少ないような気がします。

やりたいことは、ただ、ただ、ただの繰り返し。想像し、書き、描き、声に出し、あるいは人や自らに語りかけ、動く実践ですね。やりたいこと、達成したいこと、巡り合いたい人のことをビジュアル化するだけで随分違います。

意識のベクトルがそちらへ向き出すと、情報も入ってきます。動き出すと、人との出会いも活発になり出します。そうやって徐々に、夢が夢ではなく実現へと動き出すのです。

私達夫婦もそうやって、今までとは全く畑違いのコミュニティ形成、飲食店オープンへと、奇跡の実現をすることができました。

皆さんもどうぞ、夢実現ノート作成で、人生を活性化させていただきたいと思います。実にシンプルな、夢実現ノート実践法のご紹介でした。

ワンポイントアドバイス

実現したいことは

「書く」や「描く」で現実化を確実に！

全ては楽しみながら「かく」ことが前提条件。

7

あなたの脳力はいくつになっても無限大

人というのは不思議なもので、「何かをやりたい」という想いさえあれば、何とかやれるものです。

やらない内から諦めモードの方がいらっしゃいますが、何と勿体ないこと。年齢を経てくると、やりたいことがあっても齢のせいにしたり、健康状態や環境のせいにして、その一歩を踏み出せないこともあります。

しかしながら、実はその、「やりたい」「やってみたい」「行ってみたい」という衝動に、どのように対処するかが最も重要なのです。もし、そのような心の声が聞こえたならば、素直に耳を傾け、行動を起こすことをお勧めします。そのほうが、あなたにとって何かしらプラスの道へ進めるはずなんです。

想いの底のほうでは、何かを欲する自分がいるのに、妙に表層の自分がブレーキをかけている。そのような場合は、ギアを入れアクセルを踏むことで走り出し、思わぬ自分が出てきます。その先には、人との出会い、出来事との出会い、初めての環境との出会いなど、まさに未知との遭遇が待ち構えています。そんななかで、あなた自身でも気付かなかった内在する自分をも見出せるはずなのです。

新たな様々な現象との出会いは、何よりも脳細胞が活性化します。人の脳の発達は、遺伝子さえ狂わなければ、亡くなる半年前まで発達し続けるそうです。故医学博士井上とみお氏によると、「脳が細胞からニューロンという脳細胞を伸ばしてシナプスという結び目を作り、そのシナプスが増えることで脳全体が発達していく。そのニューロンがたくさん伸びていくための必要な環境の第一条件は、学習意欲です」とのこと。

つまり、私達の脳の力は、使い方次第で益々成長するということになります。

さて、初夏の日差しも感じる今日この頃です。

もし、家の中のみ、仕事のみ、自分のみの方であれば、そこからちょっと脱し、内在する眠る力を発揮するために新たな世界へとあなた自身を誘いませんか?

脳の力は無限ということを知るはずです。

ワンポイントアドバイス

いくつになっても諦めモードは禁物。
底のほうからやりたい感が湧き出てくれば、
その時が吉日！
あなたのスタート日。

8

出かけた先にある「人生の展開」

時に人というのは、「人と出会いたいなぁ」「人と語り合いたいなぁ」という想いが生じることがあります。

それは、仕事上の繋がりだけではなく、自分の気持ちを話せたり、異なる人生を覗いてみたり、好奇心も人との出会いの望み方は人それぞれです。

でも、一方では、「人との関係性を作ると複雑な問題も起こることがあるし、自分だけの自由な世界を得るほうが楽」との思いも人によってはあるものです。

あるいは出会う前から不安の虫、面倒な虫が邪魔することも。

しかし、こんな時こそあなたの心の声にじーっと耳を傾けてみてください。少しでも、「友人が欲しい」とか、「人と交流してみたい」という想いが生じているのなら、その声に正直に従うほうが良い選択なのかもしれません。

そんな場合は、いっそ、ただただ意のままに動いてみるのもいいものです。

動くと風が吹きます。

動くと気が晴れます。

そして何かに出会います。

何かに出会うと発見があります。

誰かが声をかけてくるかもしれないし、パタッと思わぬ人に遭遇したり、運命的な出会いがあるなど、それこそ動く先は未知の世界が待ち構えているのです。

男性Aさんは話してみると、とても明るくて気さくなのですが、仕事上自宅にいる時間が長く、つい出不精になっていたようです。性格に反し、顔色はちょっとばかり不健康な感じです。

それがある人に誘われて、人の集まるパーティーに出かけることになりました。そして、積極的な想いで出かけたわけではないけれど、僅かに人との出会いへの期待感はあったようです。その場での人との新鮮な出会いと、美味しい料理は、Aさんの脳や心を刺激し、一人の時間では味わえない時を過ごせたようです。

その日に出会った人との繋がりで、彼は友人ができたり仕事に必要な方を紹介されたり、あれよあれよという間に人との出会いが膨らみました。そのパーティー参加時のAさんの表情を見ていると、到底自ら話していたオタクには見えません。

人懐っこさもあり行動力も十分にあるのに、心の底の声には蓋をして、動きを止めていたAさんです。それに普段から、「誰かと出会いたいなぁ」「話す友人が欲しいなぁ」と思いながらも、動くのが億劫になっていたようです。しかし、思い切って出かけたことで、人生が展開していきました。

Ａさんは、「今回つくづく動くことや人との出会いの貴重さを知ることができました」と語ってくれましたよ。

人の中には、「やってみたいなぁ」「行ってみたいなぁ」という想いに反するように、「いや面倒くさい」「お金や時間がかかる」などとブレーキをかける怠け癖や、現状への維持装置がしっかり備わっているものです。その部分に従い、負けてしまってはおしまいなんです。

あなたの心の底から聞こえる声と、再度しっかり対話をしてみてください。そして、その声に素直に従ったならば、不思議なもので、あなたに潜在するナビゲーターがちゃんといて、必要な所に案内してくれることがあります。
「今日は意味ある人には会えなかったけれど、美味しい店に出会った」
「本屋に足が向き、そこであるイベント紹介のチラシを手にすることができた」など、出かけなければ何も始まりません。

しかし、歩み始めた先の展開は未知数です。
「人と出会え、人生が展開するきっかけは、出かけた先にある」と思い、まずは心のままに行動することが先決なのです。

ワンポイントアドバイス

あなたがどちらを選ぶか？　で人生が決まる。
①「全てが面倒臭い！」
②「ヨシ！　心の声に従おう！」

9 必要な『モノ』を引き寄せる

あなたには、必要な『モノ』を必要なときに、必要なだけ引き寄せられる力があることを知っていますか？

「ケーキを食べたいなぁ」と思っていたら、突然訪れた友人が持ってきた。

「掃除機が壊れた、どうしよう」と困っていたら、「新しいのを買うんだけど、今まで使ってた掃除機いらない？」と親戚から電話が掛かってきたなど……。

このような現象は、あなたが引き寄せた結果だと言えます。まさに必然的な出来事です。

このような現象が起きるには、大切な条件があります。それは、日々あなたが何事にも感謝でき、『モノ』を大切にし、歓びの人生を送ることができるように心掛けることです。

心の中が、歓びや感謝で一杯になると、あなたの存在の波動はプラスになります。プラスの状態は、あなたにとって必要な『人・物・金・環境』などを引き寄せます。

ただし、欲心が強く必要以上の『モノ』を欲しても、それは無理と言うもの。困らないように無駄なく、というところでしょうか……。

そして、手に入った『モノ』に再び感謝をすると、内面は波動高く善循環が始まります。すると、あなたは益々必要な『モノ』に恵まれる状況になるでしょう。『モノ』も、手元にたくさんある必要はありませんものね。「誰かにちょっとお裾分け」もいいですよね。どんどんまわしてあげましょう。

これも、自分がいる『モノ』を必要なときに引き寄せるコツなのです。

「摑めば離れ、放せば寄せ来る」

これが現代の生きる法則です。

ワンポイントアドバイス

大宇宙は、あなたが必要なモノ、
欲しいモノは全てお見通し！
いや、「すでに有る！」と思うのがゲットする早道！

おわりに

ここまで私の本をお読みいただきまして本当にありがとうございました。
皆さん、何か気付いていていただけましたでしょうか。

私自身、今考えますと、若いときから人生上がったり下がったりの試行錯誤の連続でもありました。しかしその中から気付いたことが数多くあります。人生というのはやはり思考錯誤の連続の中から気付き、発見するものがあるような気がしています。人生数十年生きてきましたが、まだまだその試行錯誤の連続でもありますよ。

数多くの失敗もしてきましたが、その中から気付くことも本当にたくさんありました。そのような失敗をしたからこそ、私自身成長もしてきたような気がします。

失敗をして何かに気付かなければ、成長することもなかったかもしれません。失敗というのは、ある意味においては自分の大きな人生が飛躍するサインでもあるような気がします。

若いときは失敗大歓迎なんですよね。そういうことに気付かない、私の20代30代でした。しかしながら人生がある程度分かってきた40代50代において、何かが見えてきたという気がします。そして摑めてきたかなぁという感じもしています。

やはり人生の年輪というものは、とても大事だということですよね。

今回この本の中で、人生の年輪というものを、いろんな方々を通じて気付いたことを、いろんな角度からしたためてみました。この本は、そのような様々な人々の年輪の中からの体験なんですよね。気付いていただければ大変うれしく思います。

皆さんの人生が益々実りある豊かなものになることを切に願っています。

今回はお読みいただきまして、最後まで私の文章にお付き合いいただきまして本当にありがとうございました。

皆さま方の実りある豊かな人生を願いつつ、ここでペンをおきたいと思います。

本当にありがとうございました。

杉林せいこ

夫・充英さんからメッセージ

これまで懸命に人のために生きてきた最愛の妻せいこが、この度、光の世界に旅立ちました。前著に続き、「杉林せいこ3部作」として2作目、3作目の出版を計画最中の出来事でした。Clover出版様のご厚意により、この度、2作目の出版が実現しました。せいこの意思は活字に生き続けています。それを実現してくださったClover出版様に、本人に代わり心より感謝申し上げます。

杉林せいこ（すぎばやし せいこ）

福岡在住、昭和26年生まれ。

九州を拠点に、ハウステンボスをはじめ、教育機関、官公庁、一般企業、各種団体などの企業人財教育、接客販売教育に携わり、人財育成コンサルタントとしてTV・ラジオ・雑誌にも多数出演。講演・セミナーを通じ、延べ3万人超の人財教育を行う。

47歳のとき16歳年下の夫と結婚。これを機に、エッセイ・自己啓発書の執筆、セミナー・個人セッションなどを活動の中心とし、自身の命を救ったインドスパイスとの出会いから夫と共に身体に良い食材を使用した本格的なインド料理レストランも経営。

近年は、世界の異文化戦略・経営コンサルタントとして知られるサチン・チョードリー氏の依頼を受けて紹介文を執筆した子供向け健康食品が、「FOODEX美食女子Award 2019」で金賞を受賞。執筆活動の幅をさらに広げることとなる。

また、20年前より目に見えない世界からのメッセージを受け取るようになるも沈黙を続けていたが、2018年より公への発信を決意しブログ公開開始。

2019年5月、前著『40代からは、「わたしらしく」ふたりで生きる。』（Clover出版）の出版記念講演会を開催するも、その後、徐々に体調を崩し、懸命の看護もむなしく2021年7月永眠。

◦著者ブログ
『宇宙脳で全てうまくいく、ワクワク宇宙人チチルとSEIKOの人生ナビ』
https://ameblo.jp/toshiue-kodakusan/

◦著書
『選ばれる女性になるための45か条』（近代文藝社）
『めぐり合う人も日も自分では決められない』（書肆侃侃房）
『早く気づけばそれだけ早く幸せがくる』（書肆侃侃房）
『あなたが輝くビジネスマナー』（創成社）
『40代からは、「わたしらしく」ふたりで生きる。』（Clover出版）他

◦レストラン経営
インド料理レストラン（コミュニティ）

装丁／齋藤稔（ジーラム）
制作／（有）マーリンクレイン
校正協力／伊能朋子
編集協力／藤井智子
編集／阿部由紀子

そろそろ、わがままで生きようか。

人生でもっとも大切なたった46のこと

初版1刷発行 ● 2021年12月17日

著者

杉林《すぎばやし》 せいこ

発行者

小田 実紀

発行所

株式会社Clover出版
〒101-0051 東京都千代田区神田神保町3丁目27番地8 三輪ビル5階
Tel.03(6910)0605　Fax.03(6910)0606　https://cloverpub.jp

印刷所

日経印刷株式会社

ISBN978-4-86734-047-9　C0095